Werkstatt Religionspädagogik

Band 3

Werkstatt Religionspädagogik

Kreative Lernprozesse
in Schule und Gemeinde
Band 3

herausgegeben von Klaus Petzold

EVANGELISCHE VERLAGSANSTALT

Werkstatt Religionspädagogik. Kreative Lernprozesse in Schule und Gemeinde

Bände 1-4 im Gesamtbezug
ISBN 3-374-01847-5

Die Deutsche Bibliothek – CIP-Einheitsaufnahme
Werkstatt Religionspädagogik : Kreative Lernprozesse in Schule und Gemeinde /
hrsg. von Klaus Petzold. –
Leipzig : Evang. Verl.-Anst.
   ISBN 3-374-01847-5

Bd. 3. – (2001)
   ISBN 3-374-01873-4

ISBN 3-374-01873-4

Gedruckt auf Recyclingpapier aus 100% Altpapier

Inhalt

Autorinnen und Autoren

Berger, Ruth, Diakonin; Krankenhausseelsorgerin; Marienstift, Braunschweig

Czupalla, Barbara, Bibelmissionarische Mitarbeiterin; Bibelturm Wörlitz/Sachsen-Anhalt

Fechner, Doris, Lehrerin; Grundschule Vechelde-Vallstedt

Fechner, Hans-Werner, Dip.-päd.; Vorsitzender des Propstei-Diakonie-Ausschusses, Vechelde

Gräbig, Ulrich, Lehrer; Fachberater und RpAG-Leiter, Hauptschule, Lamspringe

Grünberg, Wolfgang, Prof. Dr.; Universität, Hamburg

Hilmer, Marita, Lehrerin; Grund- und Hauptschule mit Orientierungsstufe, Cuxhaven

Kastenschmidt, Anke, Anwärterin für das Lehramt an Sonderschulen; Pestalozzi-Schule, Osterholz-Scharmbeck (z.Zt. im Kooperationsprojekt an der Grundschule)

Köser, Silke Christiane; Max-Weber-Kolleg, Universität, Erfurt

Kurzke, Gudrun, Lehrerin; Goethe-Schule (4. Regelschule), Eisenach

Leewe, Hanne, Dr., Pastorin; Studienleiterin am Pädagogisch-Theologischen Zentrum Neudietendorf/Thür.

Petzold, Daniel, Vikar; Paul-Gerhardt-Gemeinde, Hameln

Petzold, Klaus, Prof. Dr. Dr.; Theologische Fakultät der Friedrich-Schiller-Universität, Jena

Schubert, Matthias, Vikar; Martin-Niemöller-Haus, Jena-Lobeda

Stiel, Katja, Studentin; Friedrich-Schiller-Universität, Jena

Teckemeyer, Lothar, Pastor; Berufsbildende Schulen, Osterode

7

Klaus Petzold

Anders als „ein bißchen Basteln". Einleitung

Die beiden ersten Bände dieser Reihe waren ein bunter Blumenstrauß zum 60. Geburtstag und ich dachte eigentlich nicht daran, sie durch zwei weitere Bände fortzusetzen. Man wird ja nur ein Mal 60.

Durch Nachfragen und Interesse bin ich gleichwohl dazu gekommen, Band 1 und 2 noch zwei Geschwister zu geben. Sie passen in die Familie, weil sie in einem weiten Horizont kreative Lernprozesse dokumentieren: aus Schule **und** Gemeinde, aus Ost **und** West, aus Jugendarbeit **und** Erwachsenenbildung, aus Aus- **und** Fortbildung, aus Sonderschule **und** Gymnasium. Durch die Gliederung der Inhaltsverzeichnisse wird das noch klarer als bisher (vgl. auch die Übersichten über Autorinnen und Autoren). Gleichzeitig wird deutlich, wie der kreative Werkstattansatz (vgl. Bd. 1, S. 13ff) in ganz verschiedenen Arbeitsfeldern Gestalt gewinnt und gegen die Traditionen der Sektorierung notwendige Vernetzungen schafft.

An den Anfang der beiden Bände ist jeweils ein grundlegender Beitrag gestellt, hier im Band 1 über den Ansatz von Ernst Lange und Paulo Freire, anschließend im Band 2 über Klaus Peter Hertzsch und die humorvoll-ersten Grundzüge seiner biblischen Balladen. Gewiß liegen beide Beiträge auf verschiedenen Ebenen und lassen sich allemal nicht in gleicher Weise didaktisch umsetzen. Aber sie zeigen doch auch, wie in der zweiten Hälfte der 60er Jahre in Ost und West sowie in der Ökumene nach den Lähmungen des zweiten Weltkrieges und seiner totalitären Ideologien endlich Entwicklungen durchbrechen, die z.T. noch heute zu den Wurzeln kreativer Ansätze gehören, keineswegs nur in der Didaktik. Wolfgang Grünberg resümiert: „Gegen Resignation und fatalistisches Gebranntsein auf global gesteuerte ökonomische Entwicklungen versprühen Freire und Lange auch heute heilsame Gegengifte."[1]

Gerade wo das bewußt bleibt oder wird, gehört der Widerstand gegen totalitäres Denken und Handeln zum Kernbestand religionspädagogischer Arbeit in Schule, Gemeinde und Gesellschaft. Auf diesem Hintergrund nimmt die kritische Ausein-

---

[1] Hier im Bd. 3, S. 24.

andersetzung mit Ausgrenzungen, Rassismus, Faschismus und Menschenvernichtung sowohl in den ersten Bänden (vgl. besonders Bd. 1, S. 215-237) als auch in den vorliegenden Bänden (vgl. besonders Bd. 2 den Beitrag von Gudrun Kurzke aus Eisenach!) einen deutlichen Raum ein.[2]

So geht es bei den hier versammelten „Geschwistern" nach wie vor um mehr und anderes als „ein bißchen Basteln", wenn auch die manuellen Tätigkeiten am ehesten in's Auge fallen mögen und gelegentlich einen größeren Platz einnehmen. Für eine zunehmende Zahl von Kindern und Jugendlichen sind sie indes – im Verbund eines mehrdimensionalen Ansatzes – entscheidende Starthilfen, um aus der Welt des körperlos Virtuellen und/oder aus der Welt des bloßen Konsumierens auszubrechen. Hier können sie auf dem Weg über ihre Hände neue Zugänge zum eigenen Denken, zu den eigenen Emotionen und Kommunikationen sowie zum eigenen Körper und zum eigenen Handeln entdecken. Nicht wenige lernen auf diese Weise wieder zu staunen, sich zu begeistern und zu engagieren.

Was das für den Zugang selbst zu zentralen Inhalten der biblischen Botschaft bedeuten kann, zeigt das folgende Beispiel. Erich („Atheist", 8. Klasse Gymnasium, seit einem Jahr im RU) hantiert seit 10 Minuten mit einem massiven Holzkreuz (50 cm, Fichte, mit schwarzer Tusche übermalt) und grübelt dabei über die Lösung der Aufgabe nach: „Versuche, Kreuz und Auferstehung in einem Symbol darzustellen!" Plötzlich sprudelt es aus ihm heraus: „Man müßte eine Tür unten reinbauen – symbolisch natürlich. Da könnte er begraben werden, aber auch wieder 'raus. Rein, raus. Tot und lebendig. Echt geil! Dann müßte er nur so'ne Art neuen Körper haben, was weiß ich, galaktisch oder so. – Am besten, ich wasch' erstmal von dem Holz die schwarze Farbe ab. Die paßt nicht dazu. An den Seiten kann sie ja bleiben wegen dem Tod – symbolisch natürlich. Aber vorn, wo man draufguckt, muß sie ab, weil dann ist das wie Auferstehung, „Auferstehung mitten am Tage" – oder wie das heißt."[3]

---

[2] Vgl. zum Thema „Auschwitz" und den pädagogischen Aufgaben heute Karl Ernst Nipkow: Bildung in einer pluralen Welt. Bd. 2 Religionspädagogik im Pluralismus, Gütersloh 1998, S. 379-396.

[3] Im Unterricht war vorher „Auferstehung" von M. L. Kaschnitz vorgekommen (aus: Dein Schweigen – meine Stimme, Hamburg 1962, S. 13). Vgl. in der vorliegenden Reihe Bd. 4, S. 65. Zum Türsymbol am Kreuz vgl. Ingrid Schoberth: „Dinge machen, von denen wir nicht wissen, was sie sind." Auf den Spuren ästhetischer Erfahrung im Religionsunterricht, in: Werner H. Ritter (Hg.): Religion und Phantasie. Von der Imaginationskraft des Glaubens, Göttingen 2000, S. 140f.

Wolfgang Grünberg

Bildung als Strategie gegen den Tod. Theologie und Pädagogik bei Ernst Lange und Paulo Freire

1 Tod und Hoffnung

Ernst Lange sagt in einem Essay mit dem bezeichnenden Titel „Today is the first day of the rest of your life": „Ich werde sterben! Das ist ein Faktum, auch wenn ich mir das Totsein schlechterdings nicht vorstellen kann. Die Frage ist, wieweit ich mich von diesem Faktum, diesem gewissesten Faktum meines Lebens bestimmen und beherrschen lassen muß. Was für ein Gewicht hat die Gewißheit meines Todes für mein Leben?"[1]

Lange verweist dann auf die doppelte Irritation im Umgang mit dem Tod: „Das Ignorieren des Sterbens will uns nicht gelingen. Ebensowenig gelingt es uns, die Tatsache des Todes nüchtern ins Auge zu fassen, ohne Gerede, ohne Entsetzen, ohne kranke Faszination. Es gibt viele Erklärungsversuche für dieses ambivalente, dieses zweideutige Verhältnis des Zeitgenossen zum Tod. Mir persönlich leuchtet mehr und mehr der Hinweis ein, daß wir diese Unklarheit, dieses Versteckspiel mit dem Tod nötig haben, weil unsere ganze Lebensweise auf dem Tod, auf Zerstörung und Selbstzerstörung beruht. Wir können uns Klarheit über den Tod gleichsam nicht leisten, weil wir sonst unser Leben ändern müßten."[2]

Aber es gibt einzelne, die auf den Tod anders als durch Wegsehen oder Gebanntsein reagiert haben. E. Lange nennt folgendes Beispiel: „1859 ging ein Mann über das Schlachtfeld von Solferino und sah die Qual der Opfer des Krieges: Henri Dunant. Er erfand eine Strategie gegen den Tod. Jeder kennt diese Strategie. Sie trägt das Zeichen des Roten Kreuzes, und unsere Welt wäre sehr viel unmenschlicher ohne diese Strategie und die Hunderttausende, die sich ihr seither zur Verfügung gestellt haben. – Ungefähr ein halbes Jahrhundert später ging ein indischer

---

[1] E. Lange: Nicht an den Tod glauben. Praktische Konsequenzen aus Ostern, hg. v. R. Schloz, Bielefeld 1975, S. 105.
[2] Ebd., S. 106.

Rechtsanwalt nach Südafrika und erlebte das Elend ausgebeuteter indischer Arbeiter in einer von Weißen beherrschten Gesellschaft: Gandhi. Auch er erfand eine Strategie gegen den Tod, den Tod in der Gestalt der Herrschaft von Menschen über Menschen, von Völkern über andere Völker: den gewaltlosen Widerstand. – Vor anderthalb Jahrzehnten etwa erlebte ein brasilianischer Lehrer, P. Freire, das sprachlose Leiden seiner indianischen Landsleute, die seit Jahrhunderten wie eine Art Haustiere gehalten werden. Auch er erfand eine Strategie gegen den Tod. Sie heißt: Konszientisierung. Durch sie können Analphabeten in ein paar Wochen lesen und schreiben und vor allem den Mut und die Technik der Selbstbefreiung lernen."[3]

Der Pädagoge Paulo Freire wird hier von E. Lange in eine Reihe der „Aufklärer gegen den Tod" eingeordnet, die schließlich zu Jesus von Nazareth als dem großen Aufklärer über den Tod zurückführt. Diesen „Aufklärern" bescheinigt Lange, daß sie Strategien gegen die Todesvergessenheit und die Todesfixierung erfunden haben. Von ihnen herkommend könnten wir ein anderes Verhältnis zum Tod finden. Es geht darum, daß „Menschen nicht mehr wie gebannt auf die Tatsache starren, daß jeder Mensch stirbt, sondern sehr genau und immer genauer zu fragen beginnen, wie Menschen sterben und wann sie sterben und warum sie sterben." Denn „Tod ist nicht gleich Tod ..." Lange unterscheidet „einen Tod, den man ertragen kann, weil er das natürliche Ende eines runden sinnvollen Lebens ist oder gar ein Tod im Interesse eines anderen. Und es gibt einen unerträglichen Tod, einen bösen, sinnlosen, obszönen Tod, der eine unerträgliche Verhöhnung des Lebens ist."[4] Gibt es diese Differenzierung auch bei P. Freire?

Eines der letzten Bücher von P. Freire, das noch nicht ins Deutsche übersetzt worden ist, heißt im englischen Titel „Pedagogy of hope"[5]. Mit diesem Buch schließt sich in gewisser Weise ein Kreis. Freire blickt zurück auf das Buch, das ihn weltberühmt gemacht hat: die „Pädagogik der Unterdrückten"[6]. Am Ende seines Lebens angekommen, reformuliert er seine Grundideen noch einmal als Pädagogik der Hoffnung.

---

[3] Ebd., S. 109f.
[4] Ebd., S. 113.
[5] P. Freire: Pedagogy of hope. Reliving Pedagogy of the Oppressed, New York 1994.
[6] P. Freire: Pädagogik der Unterdrückten. Bildung als Praxis der Freiheit. Mit einer Einführung von E. Lange, Reinbek bei Hamburg, 95.-97. Tausend, 1993.

In diesem Buch heißt es in der Einleitung: „Es gibt in jedem und jeder von uns eine scheue Hoffnung an jeder Straßenecke ... Da ich auf der anderen Seite die Hoffnungslosigkeit als eine konkrete Größe sicherlich nicht ignorieren oder blind gegenüber den historischen, ökonomischen und sozialen Gründen sein kann, die diese Hoffnungslosigkeit erklären, kann ich die menschliche Existenz und den notwendigen Kampf, diese zu verbessern, nicht verstehen außerhalb von Hoffnung und Traum.

Hoffnung ist ein ontologisches Bedürfnis (‚ontological need‘). Wenn sie zum Programm wird, lähmt uns Hoffnungslosigkeit, macht uns unbeweglich. Wir erliegen dem Fatalismus, und dann wird es unmöglich, die Kraft aufzubringen, die wir unbedingt für den schweren Kampf, der die Welt neu erschafft, brauchen. Ich bin hoffnungsvoll, nicht aus purer Dickköpfigkeit, sondern auch aus einem existentiellen, konkreten Imperativ heraus. Ich glaube nicht, daß ich weil ich hoffnungsvoll bin, meiner Hoffnung die Kraft zuschreibe, die Realität eigenständig verändern zu können, so daß ich mich kampfbereit mache, ohne konkrete, materielle Daten zu berücksichtigen und behaupte ‚Meine Hoffnung reicht aus!‘ Nein, meine Hoffnung ist notwendig, aber sie reicht nicht aus. Alleine siegt sie nicht. Aber ohne sie wird mein Kampf schwach und verzagt.

Wir brauchen kritische Hoffnung so wie ein Fisch unverseuchtes Wasser. Die Vorstellung, daß Hoffnung allein die Welt verändern wird, und Aktionen, die aufgrund dieser Art von Naivität unternommen werden, sind ein ausgezeichneter Weg zu Hoffnungslosigkeit, Pessimismus und Fatalismus. Aber der Versuch, im Kampf um die Verbesserung der Welt ohne Hoffnung auskommen zu wollen, als ob dieser Kampf auf kalkulierte Handlungen allein reduziert werden könnte oder eine rein wissenschaftliche Herangehensweise, ist eine frivole Illusion. Es ohne Hoffnung versuchen zu wollen, die auf dem Bedürfnis nach Wahrheit als ethischer Qualität des Kampfes basiert, führt in Versuchung, diesem Kampf eine seiner Hauptstützen zu verweigern. Das Wichtigste ist, wie ich später verdeutlichen werde, dies: Hoffnung als ontologisches Bedürfnis verlangt nach einer Verankerung in der Praxis. Als ein ontologisches Bedürfnis braucht Hoffnung Praxis, um historisch konkret werden zu können."[7]

Schon diese Zeilen stützen die These, daß Pädagogik, verstanden als Erziehung zum Leben, als Strategie gegen den obszönen Tod einer unmenschlichen Welt, von theologischen Implikationen lebt und umgekehrt, daß die Theologie und die

---

[7] Ebd., S. 6f (Übersetzung D. Slabaugh/W. Grünberg).

Institutionen, die für sie stehen, z.b. die Kirchen, ihre Intentionen verraten, wenn aus den befreienden Inhalten der jüdisch-christlichen Tradition nicht eine befreiende Pädagogik entwickelt wird, die die Theologie davor bewahren kann, Herrschaftsideologie zu werden. Die unmittelbare Kooperation zwischen Freire und Lange währte, äußerlich betrachtet, nur eine begrenzte Zeitspanne. Aber es steht für mich außer Frage, daß sich beide durch ihre literarische und persönliche Begegnung verändert haben. Sachlich gewendet: Freire und Lange müssen beide als Pädagogen und Theologen gewürdigt werden, gewiß mit jeweils verschiedenen Schwerpunkten.

Eine Theologie ohne pädagogisches und politisches Eingreifen in die jeweilige Situation war für beide undenkbar. Eine Pädagogik ohne theologisch-philosophische Fundierung war ebenfalls für beide undenkbar, weil sie sonst nicht als „Strategie gegen den Tod", als „Befreiung" entfaltet und begründet werden kann. Dieser These anfänglich nachzugehen, gelten die folgenden Ausführungen. Zunächst wird E. Langes Weg bis zur Begegnung mit Freire dargestellt, sodann P. Freires theologische Prägung in ihrem sachlichen Verhältnis zu E. Langes theologischem Denken thematisiert.

2 Ernst Langes Weg zu einer befreiungstheologisch fundierten Pädagogik

So wenig wie man P. Freires Lebenswerk ohne seinen Lebensweg verstehen kann, ohne seine Erfahrung der Hungersnot im Nordosten Brasiliens, ohne sein Gelübde, sich an die Seite der Armen zu stellen, ohne das Exil, ohne sein Plädoyer für die Revolution usw., so wenig kann man E. Langes Wirken ohne seinen biographischen und theologischen Hintergrund verstehen. Das braucht hier nicht nachgezeichnet zu werden[8]. Ein paar Stichworte müssen genügen: Er wurde 1927 als Sohn einer jüdischen Mutter und eines liberalprotestantischen, deutschen Professors geboren. Seine Mutter nimmt sich 1935, im Jahr der Nürnberger Gesetze, nach der Scheidung das Leben. Ernst Lange kommt ins Internat. Er überlebt, weil er 1943-1945 in Berlin inkognito lebt und eine Optikerlehre macht. Das Abitur holt er zusammen mit anderen, die aus Verfolgungsgründen ihren Schulabschluß nicht

---

[8] Vgl. dazu jetzt W. Simpfendörfer: E. Lange. Versuch eines Portraits, Berlin 1997, sowie nach wie vor G. Rein: Das Fremde soll nicht mehr fremd sein. Auf den Spuren Ernst Langes, in: Praktische Theologie 76, 1987, S. 534-556.

machen konnten, 1946 nach und studiert, sehr zur Überraschung der Verwandtschaft, Theologie an der Berliner Universität. Studentenpfarrer war damals Eberhard Bethge, der spätere Biograph und Herausgeber der Werke Dietrich Bonhoeffers. Repräsentanten der Bekennenden Kirche und die Gestalt Bonhoeffers waren offensichtlich entscheidend für den Entschluß, Theologie zu studieren.

1943 schrieb Bonhoeffer eine „Bilanz nach 10 Jahren" (zehn Jahre nach 1933). Diesen Text hat E. Lange natürlich erst später zur Kenntnis genommen, aber er gehört zu den Ausführungen, die ihn nachhaltig beeindruckt haben. Die Bilanz Bonhoeffers von 1943 liest sich, von Freires Kategorien der generativen Themen aus betrachtet, wie ein Meditieren der Schlüsselworte jener Zeit: „Ohne Boden unter den Füßen"; „Wer hält stand?"; „Zivilcourage?"; „Vom Erfolg"; „Menschenverachtung?"; „Immanente Gerechtigkeit"; „Einige Glaubensansätze über das Walten Gottes in der Geschichte ..."; „Vom Leiden"; „Gefährdung und Tod". Im Rahmen dieser Bilanz schreibt Bonhoeffer einen Textabschnitt „Von der Dummheit", der sich – der Sache nach – mit dem Einfluß der Propaganda auf das deutsche Volk beschäftigt. Darin heißt es:

„Dummheit ist ein gefährlicherer Feind des Guten als Bosheit. Gegen das Böse läßt sich protestieren, es läßt sich bloßstellen, es läßt sich notfalls mit Gewalt verhindern, das Böse trägt immer den Keim der Selbstzersetzung in sich, indem es mindestens ein Unbehagen im Menschen zurückläßt. Gegen die Dummheit sind wir wehrlos ...
Um zu wissen, wie wir der Dummheit beikommen können, müssen wir ihr Wesen zu verstehen suchen. Soviel ist sicher, daß sie nicht wesentlich ein intellektueller, sondern ein menschlicher Defekt ist. Dabei gewinnt man weniger den Eindruck, daß die Dummheit ein angeborener Defekt ist, als daß unter bestimmten Umständen die Menschen dumm gemacht werden bzw. sich dumm machen lassen ... Sie ist eine besondere Form der Einwirkung geschichtlicher Umstände auf den Menschen, eine psychologische Begleiterscheinung bestimmter äußerer Verhältnisse. Bei genauerem Zusehen zeigt sich, daß jede starke äußere Machtentfaltung, sei sie politischer oder religiöser Art, einen Teil der Menschen mit Dummheit schlägt. Ja, es hat den Anschein, als sei das geradezu ein soziologisch-psychologisches Gesetz. Die Macht der einen braucht die Dummheit der anderen. Der Vorgang ist dabei nicht der, daß bestimmte – also etwa intellektuelle – Anlagen des Menschen plötzlich verkümmern oder ausfallen, sondern daß unter dem überwältigenden

Eindruck der Machtentfaltung dem Menschen seine innere Selbständigkeit geraubt wird ..."

Bonhoeffer zieht daraus die Konsequenz, „daß nicht ein Akt der Belehrung, sondern allein ein Akt der Befreiung die Dummheit überwinden" kann. „Dabei wird man sich damit abfinden müssen, daß eine echte innere Befreiung in den allermeisten Fällen erst möglich wird, nachdem die äußere Befreiung vorangegangen ist."[9]

Hier sind Grundkategorien von Befreiung und Unterdrückung, von innerer und äußerer Befreiung vorgedacht, die im ganz anderen gesellschaftlichen Kontext P. Freire anwenden wird, um das versklavte bzw. kolonisierte Bewußtsein der Abhängigen zu analysieren. E. Lange schreibt 1943 zur gleichen Zeit, als Bonhoeffer seine Bilanz vorlegt, als 17iähriger Optikerlehrling in Berlin an seine Freundin: „Ich erlebe hier eine wunderbare Zeit. Neulich hörte ich sechs Konzerte, Spätwerke Bachs, die zum Schönsten gehören, was ich je gehört habe. Außerdem lebe ich in einem sehr anregenden Kreis, der, da mein Vormund Pastor ist, vorwiegend aus Pastoren oder doch Leuten besteht, die sich wenigstens mit dieser wichtigsten aller Fragen auseinanderzusetzen wagen (alle anderen sind nämlich dazu zu träge oder zu feige). Doch über unsere Gespräche und das, was ich hier alles gelernt habe, läßt sich schlecht berichten auf dem Papier."[10]

Was der 17jährige E. Lange beschreibt, ist bemerkenswert. Er lebt in der Illegalität, umgeben von einer Gruppe von Theologen, die sich der Bekennenden Kirche zurechnen und die sich, wie er schreibt, mit „dieser wichtigsten aller Fragen" auseinandersetzen. Gemeint ist die Gottesfrage. Gemeint ist zugleich damit die Frage, was Heil und Unheil in der Situation von 1943 bedeuten, was die Macht des selbsternannten Führers theoretisch wie praktisch begrenzen könnte. Zugleich spricht Lange von der „wunderbaren Zeit" und verweist auf das Konzertleben und die Spätwerke Bachs. E. Lange war ein hervorragender Pianist und das Künstlerische lag ihm vielleicht mehr als das rein Wissenschaftliche. Aber welche Spannung liegt zwischen diesen Polen!

Zur gleichen Zeit, in der Bonhoeffer 1943 seine ernüchternde Bilanz „nach 10 Jahren" schreibt, vertieft sich dieser in bildungsbürgerliche Traditionen des 19.

---

[9] D. Bonhoeffer: Widerstand und Ergebung, hg. v. E. Bethge. Neuausgabe, München 1970, S. 16-18.
[10] W. Simpfendörfer, a.a.O., S. 30.

Jahrhunderts, in Romane von Stifter, Keller u.a. Die bürgerliche Welt als Alternative oder als Ursache für die Barbarei der Gegenwart? Für Bonhoeffer und den so viel jüngeren E. Lange waren Kunst und Literatur jedenfalls keine Flucht aus der Gegenwart, sondern erinnernde Unterbrechungen, um nicht dem Bann eines totalitären Systems mit seinen Ansprüchen zu verfallen.

In einer Konfliktsituation wie der von 1943, in der von einer Solidarisierung der Unterdrückten gegen die Unterdrücker nicht gesprochen werden konnte, in der sich nur wenige nicht von der herrschenden Macht blenden ließen, in einer solchen Situation brauchte eine langfristig angelegte Befreiungsstrategie zwei Pole. Einmal die Unterbrechung des Gegenwärtigen durch andere Traditionen, andere soziale Modelle, andere Rituale und Symbole. Gebraucht wurden Erinnerungen an frühere Befreiungen, an das Aushalten von Unterdrückungen, gebraucht wurde die vergewissernde Ermutigung aus der Tradition. Daraus nährte sich das Erkennen und Austesten realisierbarer Alternativen in der näheren und ferneren Zukunft. Konfliktorientierte Praxis ist nicht durchzuhalten ohne die Antizipation der Zukunft im Spiegel der Erinnerung der Feste und ihrer Hoffnungspotentiale.

In aussichtsloser Lage liegt das Verstummen, das Resignieren, schließlich das Hinnehmen näher als alles andere. Was verschafft in einer solchen Lage Widerstandskraft? E. Lange hat später zwei Strategien unterschieden, die doch zusammengehören: Einmal, nach rückwärts gewandt, die „gefährliche Erinnerung" (Johann Baptist Metz) an historisch analoge Konfliktsituationen und ihre Bewältigungsformen, an Mythen, Gesänge, Lieder, an religiöse Traditionen, die einem anderen als dem herrschenden Kult huldigen. E. Lange orientiert sich hier am Modell des jüdischen Sabbats. Der Sabbat ist zunächst die Unterbrechung des laufenden Geschäfts, die gebotene Ruhe. Der Sabbat ist aber als siebter Tag der Schöpfung zugleich die Erinnerung an die Kraft des Anfangs selbst, ja die Einbindung in die Perspektive des Anfangs, als die Schöpfung noch voll ihrer Möglichkeiten war, an die Schöpfung als Ausgangspunkt der Geschichte. Der Sabbat als Unterbrechung ist also Rückkehr in den Anfang um neuer Zukunft willen.

E. Lange sattelt dann auf die jüdische Sabbattradition noch die christliche Ostertradition drauf. Denn der Ostertag ist zweiter Schöpfungstag im Kampf gegen die Macht des Todes. Der Sonntag als wiederholter Ostertag ermächtigt zum Kampf gegen den Tod und seine mentalen Vollstreckungsinstanzen, Resignation,

Fatalismus und Depression. Auch der Tod ist entmächtigt, so daß in der Idee des christlichen Sonntags die Sabbaterinnerung zusammenfällt mit dem aktiven Kampf gegen die Todesmächte. Dies alles geschieht traditionell in jedem Gottesdienst, in der Sprache des Mythos und der Riten und Symbole, in der Sprache der Liturgie.

In seinem Buch über den christlichen Gottesdienst hat E. Lange diese Linie vom Sabbat über den Gottesdienst Jesu bis zum Gottesdienst der christlichen Gemeinde im Alltag und am Sonntag nachgezeichnet.[11] Die „gefährliche Erinnerung" sucht im Spiegel der biblischen Erinnerungen nach möglicher und besserer Zukunft. Darum gilt es, der Spielkultur ihren besonderen Raum einzuräumen. „Liturgie", kann Lange sagen, ist „Spiel vor Gott". Wo Zukunft verbaut ist, muß man Alternativen geradezu „herausspielen"[12].

E. Lange hat über ein Dutzend Theaterstücke geschrieben, die in den fünfziger und sechziger Jahren z.T. populär waren. Wichtig ist die Rolle des Spiels und die Betonung, daß die Laien im Spiel Alternativen „herausspielen". Lange's Laienspiele sind alles andere als harmlos. Das bekannteste ist der „Halleluja Billy"[13]. Das Stück spielt in den Slums von New York und es geht darum, sich im Kampf gegen die verzweifelte Lage mit den dort Lebenden zu solidarisieren, ohne sich von der Gewaltförmigkeit mafioser Strukturen unterkriegen zu lassen. Dieses Laienspiel setzt auf Gottesdienst und auf eine alternative Spielkultur und sieht darin eine Antizipation möglicher Zukunft, die sogar dem Tode trotzt. Im „Halleluja Billy" steht ein Mord im Mittelpunkt des Geschehens. Die Kraft, Zukunft herauszuspielen, bezieht die christliche Kommunität bzw. Dienstgruppe aus der Zelebrierung biblischer Befreiungsgeschichten.

Langes These ist deutlich: Intellektuelle Aufklärung allein überwindet den Fatalismus nicht. Bildung als Befreiung braucht beides, die Erinnerung an alternative Traditionen und das antizipatorische Herausspielen möglicher Zukunft. Schlüssel für beides, Erinnerung wie Antizipation, ist das, was Ernst Lange

---

[11] E. Lange: Chancen des Alltags. Überlegungen zur Funktion des christlichen Gottesdienstes in der Gegenwart. Neuausgabe (Edition Ernst Lange, Bd.4), hg. v. P. Cornehl, München 1984.

[12] Der Spielbegriff vermittelt, so gewendet, Pädagogik und Liturgik und ist ein Zentralbegriff bei Lange. Den inneren Zusammenhang zwischen Religionspädagogik und Liturgik zu diskutieren und bei Lange aufzuweisen ist hier nicht möglich, bleibt aber ein Desiderat.

[13] E. Lange/H. Barbe: Halleluja, Billy. Ein Spiel mit Musik, in: Die Spielschar, Heft 67, Weinheim o.J.

„Verheißung" nennt. Es geht um Geschichten gegen den Tod, Strategien gegen resigniertes oder kolonisiertes Bewußtsein.

Erst 1970 begegnet E. Lange P. Freire persönlich. E. Lange war 1968 Beigeordneter Sekretär beim Ökumenischen Rat der Kirchen in Genf geworden und sollte dort eine Abteilung für Ökumenisches Lernen und befreiende Bildung aufbauen. Dazu lud er P. Freire ein, der sich entschied, nach einem Semester Harvard nach Genf zu gehen. 1970 schreibt P. Freire an E. Lange: „Sie müssen wissen, daß ich entschieden habe. Meine Sache, das ist die Sache der Armen dieser Erde. Sie müssen wissen, daß ich mich für die Revolution entschied."[14] Im gleichen Jahr trifft P. Freire in Genf ein, als E. Lange krank war und in einer Klinik lag. So kommt es etwas später zu einer ersten Begegnung, über die es folgenden Bericht gibt:

„... das nunmehr komplette ‚Büro für Bildungsfragen' zog sich zu einer Programm-Klausur auf eine Hütte im Südschwarzwald zurück, wo tiefer Schnee lag. Ernst Lange hatte versprochen, dazuzustoßen. Er wollte das endlich zustandegekommene Büro beim Entwurf seines Programms beraten. Vor allem wollte er den berühmten Kollegen aus Recife im Nordosten Brasiliens persönlich kennenlernen. In einem Dorfrestaurant begegneten sich die beiden zum ersten Mal. Es war ein bewegender Augenblick. Paulo Freire war wie verzaubert. Kongeniales Einverständnis blitzte auf. ‚This is a fantastic man!' raunte Freire seinen beiden Kollegen zu, als Ernst Lange für einen Augenblick den Raum verließ, ‚we must get him on our staff!' Die beiden anderen klärten ihn auf: ‚He is our boss, Paulo!' Von diesem Moment an ist die Freundschaft zwischen den beiden besiegelt, mehr noch: An einer befreienden ‚Pädagogik der Unterdrückten' arbeiteten ja beide schon längst – Freire unter den Armen im Nordosten Brasiliens, Lange seit der ‚Gemeinde am Brunsbütteler Damm', die er als ‚Ensemble der Opfer' erlebt und begleitet hatte. Von nun an würden sie Hand in Hand daran mitwirken, die ‚Kultur des Schweigens', die das Schicksal der Opfer in aller Welt ist, in einer ‚Sprachschule der Freiheit' zu überwinden."[15]

„Sprachschule für die Freiheit" heißt darum zu Recht der Sammelband der bildungstheoretischen und befreiungspädagogischen Texte aus der Feder von E.

---

[14] W. Simpfendörfer (Anm. 8), S. 221.
[15] Ebd., 222f.

Lange[16]. Beide, Freire wie Lange, wußten, daß es nicht um die Technik Alphabetisierung in dem Sinne ging, daß die Armen und Unterdrückten lesen und schreiben lernen. Es ging beiden um die „Konszientisierung", ein Kunstwort, das auf das portugiesische Schlüsselwort „Concientiacao" aus der „Pädagogik der Unterdrückten" zurückgeht. Es bedeutet zweierlei, die Bewußtwerdung über die reale Lage und zugleich die Gewissensbildung. Kern befreiender Pädagogik ist das, was E. Lange die Umbildung der Gewissensstruktur nennt. Es ist der Versuch, das Gewissen gleichsam neu zu kodieren, es aus der sklavischen Abhängigkeit fremder, bestimmender Mächte zu befreien, es aus der Berufung zur Zukunftsgestaltung neu zu orientieren und es so zu „entprovinzialisieren". An dieser Stelle gibt es zwischen Freire und Lange im einzelnen auch Unterschiede, aber die Analogien überwiegen. Wir kommen dem, was Freire meint, näher, wenn wir einen exemplarischen Vorgang in der Alphabetisierungsmethodik herausstellen.

3 Sprachschule der Befreiung – aus der Sicht Paulo Freires

Bekanntlich geht es bei den Alphabetisierungskampagnen, zu denen Freire anstiften will, primär darum, eine Situation so zu erschließen, daß die niedergedrückten Menschen in Reflexion und Aktion sich selbst als Handlullgssubjekte erleben und ihre Situation verändern können. Freire ist aufgrund verschiedener Betrachtungen zu dem Schluß gekommen, daß schon ca. zwanzig Worte ausreichen, um das „sprachliche Universum" einer bestimmten Situation zu kennzeichnen, in der sich Unterdrückung, Leiden und Probleme vor Ort spiegeln.

Aus solchen Schlüsselworten werden dann Bildergeschichten entwickelt, die verschiedene Reaktionen auf die Problemstichworte deutlich machen. So entsteht eine Comic-Fibel, an der entlang gelernt wird. Die vor Ort mit den Betroffenen gemeinsam entwickelten „Fibeln" sollen im dialektischen Zweischritt von Reflexion und Aktion angeeignet werden. Reflexion und Aktion sind Energiequellen, durch die eine neue individuelle wie kollektive Sicht der Lage und eine veränderte Praxis möglich werden.

Zentraler Aspekt in der Arbeit mit den Schlüsselbegriffen ist die spielerische

---

[16] E. Lange: Sprachschule für die Freiheit (Edition Ernst Lange, Bd. l), hg. v. R Schloz, München 1980.

Verwandlung eines Schlüsselwortes in andere Worte mit Hilfe der Aufteilung und Aufgliederung in die Silben des Schlüsselwortes. Es geht darum, daß meine Situation so identifizierbar wird, daß ich sie „begreife", wie Freire sagt. Die eigene Situation begreifen heißt, sie sprachlich in die Hand zu nehmen, sie mit Worten zu „ergreifen". Wer die eigene Situation im Medium der Sprache in die Hand nehmen kann, kann mit Worten jonglieren und kann durch Zusammensetzungen der Silben zu neuen Wörtern sein sprachliches Universum spielerisch erweitern. Das Spiel mit Schlüsselworten, mit denen ich meine Situation begreife, macht mich zum Subjekt meiner Situation, weil ich selbst die Alternativen finde und ausspreche. So werden die „Schüler-Lehrer" von der Selbsteinschätzung als fest eingebautem, unveränderlichem Teil dieser Situation befreit und erheben sich zur Subjektivität handlungsfähiger Individuen. Der Kern der befreienden Erziehung ist also die Wahrnehmung von Subjektivität durch die Möglichkeit, die eigene Situation neu, anders, „im Licht der Veränderlichkeit" zu sehen.

Das Herausspielen neuer Möglichkeiten hat eine „aggressive" und eine „konstruktive" Seite. Es beruht zunächst auf dem Zertrümmern von „Killersätzen" und ist, sozial gesehen, eine „Leistung" des Lernens im „Kulturzirkel", wie Freire diese Lehrer-Schüler- und Schüler-Lehrergruppierungen nennt. Dabei wird an Erinnerungen aus der „Volkstradition" angeknüpft. Das „Bekenntnis" „wir sind arm" wird im „Sprachspiel" als Fremdzuschreibung erkannt und als „Killersatz" verworfen und zerstört. Das Spiel mit der Sprache tanzt aus der Reihe der lähmenden Selbstwiederholung, erspielt neue Sätze und „produziert" damit neue Wirklichkeit.

E. Lange nennt in seinem Sprachspiel den entscheidenden Umschwung, den der Glaube vollbringt, so: Es geht darum, die Wirklichkeit im „Licht der Verheißung", also im Perspektivenwechsel neu wahrzunehmen. Beide, P. Freire und E. Lange, wissen, daß es nicht in naiver Weise um einen Hurra-Optimismus geht, sondern darum, in die Tradition alter Befreiungsgeschichten einzutreten, um so in der Gegenwart den Schmerz auszuhalten und neue Ermutigung und Perspektiven zu finden. Aber im Aushalten der Verhältnisse und ihrer Widrigkeiten haben die Armen teil am Schmerz Gottes an dieser Welt. Darum ist Leiden zugleich eine theologisch relevante Erfahrung. In den großen religiösen Festen wird zwischen „Schmerz" und „Verheißung" eine konstruktive Vermittlung tradiert und erlebbar. Darum braucht jede verändernde Praxis das Fest, die Feier, die konstruktive Unterbrechung. „Hope is an ontological need", heißt es bei P. Freire.

P. Freire weiß wie auch E. Lange nur zu gut, daß der Befreiungsvorgang nicht ohne Rückschläge sein wird, daß er Leiden impliziert und daß naive Strategien umso sicherer in Fatalismus und Resignation umschlagen. Gerade darum hat auch P. Freire die Erziehung immer auf lokale Kommunitäten bezogen und die Befreiungspädagogik wie auch die Befreiungstheologie als „Früchte" der Basisgemeinden angesehen. Aber auch die Stabilisierung des Befreiungsprozesses durch soziale Verortung reicht noch nicht aus. Denn Scheitern, Leiden und Tod könnten ja leicht als zynische Argumente ins Spiel gebracht werden, sich dem befreiungspädagogischen Prozeß zu entziehen, um sich dem kleinen Vorteil des Jetzt zu ergeben und darin aufzugehen.

Der Tod als Grenze pädagogischen Handelns erzwingt bei einer Pädagogik, die sich als Aufklärung gegen den Tod versteht, eine außerpädagogische Fundierung! Darum ist Freire offen für philosophische, politische und theologische Argumentationen. Jesús Hernández hat in einer Untersuchung zu P. Freires philosophischen Wurzeln herausgestellt, wie stark Freire in der Tradition der Existenzphilosophie Gabriel Marcels verankert ist[17]. Es ist die Verortung in einer spezifisch christlichen Dialogphilosophie, die den sozialen Dialog von Subjekten letztlich mit einem Dialog verknüpft sieht, in dem es um das Wahrnehmen des schöpferischen und kritischen Wortes Gottes in dieser Wirklichkeit geht. Die Wahrheit, um es anders auszudrücken, ist nicht nur Objekt, ist nicht nur Information, sie ist konstruktive Energie und kritisches Potential zugleich. „Wahrheit", sagt Hegel, muß nicht nur aus „Substanz", sondern zugleich als „Subjekt" gedacht werden. Es geht darum, in der Kritik, in der Negation des Gegebenen, den Hoffnungsfunken des besseren anderen wahrzunehmen und dies nicht nur mechanistisch zu verstehen, sondern als „Ruf".

Theologisch formuliert heißt dies: Befreiung zur Subjektivität kommt einer „Berufung" gleich. P. Freires „Gelübde" war in diesem Sinn „Antwort auf seine Berufung". Seine Pädagogik der Hoffnung lebt von der vorausgesetzten Hoffnungsspur, die in der Wirklichkeit verborgen präsent ist und nur ergriffen werden muß, die in Reflexion und Aktion zum Bewußtsein ihrer selbst kommt, weil

---

[17] J. Hernández: Pädagogik des Seins. Paulo Freires praktische Theorie einer emanzipatorischen Erwachsenenbildung, Lollar 1977. Vgl. auch dazu Dimas Figueroa: Aufklärungsphilosophie als Utopie der Befreiung in Lateinamerika. Die Befreiungstheorien von Paulo Freire und Gustavo Gutiérrez, Frankfurt M./New York 1989.

Wahrheit im Kern Solidarität meint und nur in Solidarität verifiziert werden kann. Das ist die pädagogisch-philosophische Umformulierung des befreiungstheologisch interpretierten Gottesgedankens. Ich interpretiere P. Freire hier gewiß mit theologischen Augen und erkenne hier eine große sachliche Nähe zu E. Lange. Aber für diese Sicht gibt es eindrückliche Belege.

P. Freire sagt z.b. in einem biographischen Rückblick: „Die pädagogische Praxis als Weg zur Befreiung, der ich mich seit meiner Jugend verschrieben habe, hat viel zu tun mit meiner christlichen Überzeugung. Einmal habe ich in einem Interview gesagt, ich sei als kleiner Junge oft an die Bäche und auf die Hügel von Recife und seiner Umgebung gegangen, weil ich ganz nahe bei Christus sein wollte. Ich ging Seinetwegen dorthin. Als ich dort ankam, verwies mich die erschütternde und herausfordernde Realität des Volkes auf Marx, den ich dann las und studierte. Dabei hörte ich niemals auf, mich mit Christus an den Straßenecken zu treffen. So beginnt die Praxis in meinem persönlichen Fall – wie ich aufgezeigt habe – mit einer christlichen Motivierung und wird in der weiteren Entwicklung Schritt für Schritt politischer. Die Politisierung dieser Praxis oder besser: das Bewußtsein von dem politischen Charakter dieser Praxis, hat mich erkennen lassen, daß, so wie ich zu einem Politiker wurde, weil ich Pädagoge bin, ich auch zu einem Politiker wurde, weil ich Christ bin. Mit anderen Worten, als Christ ist es unmöglich, neutral zu sein. Und als Pädagoge ist es unmöglich, neutral zu sein. Diese Praxis wächst mit anderen, erweitert sich, radikalisiert sich, entwickelt sich, wird bereichert durch die Zusammenarbeit mit vielen."[18]

Es ist tragisch, daß die persönliche Begegnung zwischen P. Freire und E. Lange, zeitlich gesehen, sehr begrenzt war. Die wechselseitige Beeinflussung steht aber außer Frage. Auch für E. Lange war der Glaube ein befreiender Akt, Aufklärung und eine Aufkündigung gegenüber versklavenden Mächten, die den Menschen besetzen und besitzen wollen. Das war buchstäblich gemeint. Lange teilte die Kapitalismuskritik Freires, fundierte sie aber anthropologisch und universalisierte sie[19]. Der Glaube lehrt, die Wirklichkeit im Licht der Verheißung wahrzunehmen

---

[18] P. Freire: Der Lehrer ist Politiker und Künstler, Reinbek b. Hamburg 1981, S. 118f.

[19] Von hier aus gesehen konnte Freire auch den Freitod E. Langes, ganz im Sinne seines Ansatzes, anders als dies üblicherweise geschieht, deuten (G. Rein, a.a.O. , S. 555): „In einer letzten Analyse mag man sehen, daß E. Lange zuviel erlitten hat. Das Schweigen an sich, als Entfremdung, hatte sich seiner bemächtigt; nicht als ein Weg der Verständigung, denn wir können ja auch im Schweigen miteinander kommunizieren. Schweigen, Verstummen vielmehr

und die „Chancen des Alltags" zu ergreifen. In der „Pädagogik der Hoffnung"
schwenkt Freire auf diese Sicht Langes ein. Gegen Resignation und fatalistisches
Gebanntsein auf global gesteuerte ökonomische Entwicklungen versprühen Freire
und Lange auch heute heilsame Gegengifte.

---

in allem, Autos, Fabriken, Fernsehen, all das bringt ja auch Schweigen insofern mit sich, als
alle diese Dinge an der Verfinsterung der Vernunft teilhaben. Vielleicht sah sich E. Lange von
dieser Art von Schweigen derart eingekreist, umhüllt, daß seine letzte Geste als äußerst vitales
Zeichen zu verstehen ist, nicht als ein Signal für Flucht und Entzug, sondern von
Lebensorientierung. Es könnte doch sein, daß er hat sagen wollen: Seht her, hier bin ich, ich
verwerfe das Schweigen! Ganz sicher eine dramatische Geste, aber eine wesentliche, eine
vitale."

Matthias Schubert

„Gott will wie ein Hirte sein"
Ein Lied zur Davidsgeschichte

1 Vorbemerkung

Der folgende Beitrag geht der Entstehung eines Liedes nach, das sich im Zuge der Planung einer Christenlehreeinheit entwickelt hat. Damals (Anfang 2000) leitete ich als Vikar eine Christenlehregruppe der Klassen 2 bis 4 der Ev.-Luth. Kirchgemeinde Jena-Lobeda. Die Region Jena-Lobeda umfasst sowohl das Neubaugebiet Lobeda als auch Lobeda-Altstadt und mehrere umliegende Ortschaften. Von den ca. 40.000 Einwohnern der kommunalen Gemeinden sind etwa 5.000 Glieder der Ev.-Luth. Kirchgemeinde. In den Lobeda umgebenden Orten besteht jeweils ein eigenes Angebot zur Christenlehre. Die Lobedaer Kinder, die verschiedene Schulen besuchen, werden zur Christenlehre abgeholt und – sofern dies von den Eltern gewünscht wird – auch wieder nach Hause gefahren.

2 Der Rahmen der Unterrichtseinheit

Die gesamte Unterrichtseinheit stand ganz im Zeichen Davids, der zu einer der bekanntesten und schillerndsten Gestalten der Bibel zu zählen ist. Die Beschäftigung mit den biblischen Geschichten rund um David erscheint mir für Kinder im Grundschulalter sehr sinnvoll, wird an ihnen doch exemplarisch deutlich, wie Gott Menschen annimmt, sie auf ihrem Weg begleitet und ihnen – auch und gerade dort, wo es für sie schwierig wird – hilfreich zur Seite steht. Darüber hinaus zeigen diese Geschichten in ergreifender Weise menschliche Charaktereigenschaften und Konfliktsituationen auf, mit deren Hilfe gut ein Zugang zur Lebenswirklichkeit der Kinder geebnet werden kann. „Daß uns hier Menschen mit ihren großen Fähigkeiten und ihren Schwächen gezeigt werden, auch mit großer Leidenschaft, das macht bis heute die Faszination dieser biblischen Texte aus."[1]

---

[1] K. Jeromin/G. Mohr: Von Gott erwählt und bewahrt. Geschichten mit David, in: Evangelische Kinderkirche 3/1997, S. 218.

Die Geschichte von Davids Aufstieg zur Macht (1Sam 16-2Sam 5;8) enthält zahlreiche Dubletten und Widersprüche, die auf mehrere verarbeitete Quellen zurückzuführen sind.[2] Für das Erzählen der Geschichte Davids entschied ich mich, spannungsreiche Stellen und Widersprüche zu glätten, sofern dies für den Erzählzusammenhang sinnvoll war, z.b. den Widerspruch, daß David nach seinem Sieg über Goliath König Saul noch nicht bekannt ist (1Sam 17,55ff), obwohl er doch im Kapitel zuvor bereits als sein Waffenträger und Harfenspieler eingeführt worden war (1Sam 16,21.23).

Folgende Stundenthemen, die ein möglichst breites Spektrum der oben erwähnten Charaktereigenschaften und Konfliktsituationen aufgreifen, aber auch dem inneren Zusammenhang der Davidsgeschichte gerecht werden sollten, wurden von mir für die gesamte Einheit ausgewählt:

1.) Entstehung des Königtums – der erste König Saul (1Sam 8-10).
2.) David, der Hirtenjunge, wird zum König gesalbt (1Sam 16,1-13).
3.) David kommt an Sauls Königshof (1Sam 16,14-23).
4.) David und Goliath – Umgang mit Ängsten (1Sam 17).
5.) Davids Beliebtheit – Sauls Neid und Eifersucht (1Sam 18,5-16).
6.) Davids Freundschaftsbund mit Jonathan (1Sam 18,1-4; 19,1-7; 20,1-42).
7.) David wird König über Israel (2Sam 5,1-12).

3 Zur Situation der Kinder in der Christenlehregruppe

Zur Christenlehregruppe der Klassen 2 bis 4, für die diese Einheit konzipiert wurde, gehörten insgesamt 9 Kinder (7 Mädchen und 2 Jungen), die ich seit September 1999 begleitet hatte. Im Blick auf ihre religiöse Sozialisation brachten die Kinder unterschiedliche Voraussetzungen mit. Die meisten von ihnen besuchten neben der Christenlehre auch noch den Religionsunterricht. Einige waren durch ihre Eltern relativ stark in das Leben der Kirchgemeinde eingebunden, während bei den Eltern zweier Kinder der Kontakt zur Kirchgemeinde fast völlig fehlte. Für die Planung der einzelnen Stunden war von daher zu berücksichtigen, daß nicht bei allen Kindern von einer Gottesbeziehung auszugehen ist. Vor allem bei einem Jungen waren

---

[2] Vgl. L. A. Sinclair: Art. David I, Theologische Realenzyklopädie Bd. 8, Berlin; New York 1981, 378-384, besonders S. 379.

zuweilen religionskritische Tendenzen festzustellen. Hier war es wichtig, auch negative Äußerungen aufzunehmen und ins Gespräch zu bringen sowie ambivalenten Erfahrungen mit Gott einen angemessenen Raum zu geben.

Die Christenlehregruppe traf sich jeden Dienstag Nachmittag im Martin-Niemöller-Haus in Jena-Lobeda. Fünf der Mädchen nahmen bereits in der Stunde zuvor an einem Musikkreis (Flöten und meditatives Tanzen) teil. Von einigen der Mädchen wußte ich auch, daß sie außer Flöte noch weitere Instrumente wie etwa Geige oder Klavier spielen lernten. Der Boden für die Verwendung musikalischer Elemente im Unterricht war also bestens bereitet. Es war auffällig, daß in dieser Gruppe gern gesungen wurde. So wurde jede Christenlehrstunde mit einem Lied begonnen; manchmal folgte darüber hinaus noch ein Wunschlied. Am häufigsten fand dabei das 1998 im Claudius-Verlag München erschienene „Kindergesangbuch" Verwendung. Mit besonderer Begeisterung wurde daraus z.B. ein Engels-Rap aufgenommen, den ich einige Wochen vorher im Zusammenhang mit dem Thema „Engel" eingeführt hatte.[3]

4 Zur Entstehung des Liedes „Gott will wie ein Hirte sein"

Die Idee, ein Lied für den Unterricht einer derart musikalisch motivierten Gruppe zu schreiben, entstand – wie das ja häufig der Fall ist – eher zufällig. Die ersten Stunden der Unterrichtseinheit zu David waren bereits gelaufen, als ich mich bei der Vorbereitung auf die 4. Stunde: „David und Goliath – Umgang mit Ängsten" u.a. mit Psalm 23 beschäftigte, den ich für die Bearbeitung des Themenfeldes Angst und Vertrauen für maßgeblich halte. Am Abend blieb mir dann bei einer Gitarren-Session mit meinem Bruder Andreas ein Gitarren-Riff im Kopf hängen, auf das sich folgende Worte gut aufteilten: „Gott will wie ein Hirte sein" (diese Worte waren mir in Anlehnung an Psalm 23 spontan eingefallen). Auch die weitere Melodie des Refrains ergab sich aus den Klängen des Riffs wie von selbst, und so war binnen kurzer Zeit ein Lied entstanden, das ich für die Christenlehre gut verwenden konnte.

Nun war es nur ein kleiner Schritt zu der Idee, zu diesen Textzeilen (die den Refrain bilden sollten) auch noch Strophen, die die Geschichte Davids erzählen zu finden.

---

[3] A. Ebert u.a. (Hg.): Das Kindergesangbuch, München 1998, S. 204f (Nr. 117).

Zunächst entstand hier die jetzige 3. Strophe aus der Beschäftigung mit der aktuellen Vorbereitung der Stunde zu David und Goliath. Da ich auch im Lied David seine Geschichte selbst erzählen lassen wollte, schrieb ich die Texte der Strophen alle aus der Sicht Davids. Das Singen und Komponieren Davids – ein der biblischen Tradition vertrauter Gedanke! – baute ich in die Erzählung ein und verankerte Davids erste Versuche dazu in seiner Zeit als Hirtenjunge, wo er nachts allein auf dem Feld sich mit diesem Lied selbst Mut zusang. So entstand die 1. Strophe von „Davids Mut-Mach-Lied": „Wenn ich nachts alleine bin..." (Text und Melodie auf den nächsten beiden Seiten).

In der kommenden Christenlehrestunde brachte ich die ersten beiden Strophen und den Refrain des Liedes in die Erzählung von David und Goliath ein. Das Lied schien den Kindern zu gefallen und es war offenbar auch sehr eingängig, denn am Ende jener Stunde sangen wir es alle gemeinsam, was sogleich gut gelang. In den folgenden Stunden war es fester Bestandteil des Unterrichts. Die jetzige 4. Strophe entstand in der übernächsten Woche in Vorbereitung auf die 6. Stunde der Einheit: „Davids Freundschaftsbund mit Jonathan". Sie greift die Situation der Verfolgung Davids durch Saul auf sowie die hilfreichen Bemühungen Jonathans für seinen Freund David. Die bis hierher entstandenen drei Strophen bildeten zunächst das komplette „Mut-Mach-Lied" Davids, das auch in der Abschlussstunde der Einheit mit dem Thema: „David wird König über Israel" gesungen wurde und dabei keine Erweiterung erfuhr.

Die jetzigen Strophen 2 und 5 entstanden erst später (im Sommer des Jahres 2000) in Vorbereitung auf eine Woche für Kinder, die ich im Rahmen von „Kirche unterwegs in der Lüneburger Heide" mitgestaltete. Hier galt es, die Davidsgeschichte in fünf Teile für fünf „Kindertreffs" am Vormittag aufzuteilen, die montags bis freitags im Kirchenzelt auf dem Campingplatz „Südsee Camp" stattfanden. Ich durfte hier die Rolle des Königs (bzw. zunächst des Hirtenjungen) David spielen und den Kindern Tag für Tag ein Stück „meiner" Geschichte und „meines" Liedes vorstellen (Fotos S. 177). Die Erzählungen waren zum Teil vorher ausformuliert worden, wurden jedoch vor den 100-150 Kindern im Kirchenzelt frei erzählt. Dabei gab es für König David noch einen „Gesprächspartner", den (Stoff-) Raben Theobald, der das Geschehen mit seinen lustigen Einwürfen hin und wieder auflockerte und durch Nachfragen so manchen schwierigen Begriff erklären half (geführt bzw. gesprochen von Diakon Bernd Knobloch).

Gott will wie ein Hirte sein

Text und Musik:
Matthias Schubert

Gott will wie ein Hir-te sein, er führt mich zum

fri-schen Was-ser. Gott will wie ein Hir-te sein, er

wei-det mich auf gu-tem Land. Gott will wie ein

Hir-te sein, er führt mich zum fri-schen Was-ser.

Gott will wie ein Hir-te sein, er reicht mir sei-ne

Hand. Wenn ich nachts —

— al- lei- ne bin

und mein — Herz ist schwer,

denk ich dran: — Gott

ist bei mir, — dann fürcht ich

mich nicht mehr. Denn...

Da capo

Rechte: beim Autor

29

Gott will wie ein Hirte sein

Gott will wie ein Hirte sein,
er führt mich zum frischen Wasser.
Gott will wie ein Hirte sein,
er weidet mich auf gutem Land.
Gott will wie ein Hirte sein,
er führt mich zum frischen Wasser.
Gott will wie ein Hirte sein,
er reicht mir seine Hand.

1) Wenn ich nachts alleine bin
und mein Herz ist schwer,
denk ich dran: Gott ist bei mir,
dann fürcht ich mich nicht mehr. Denn...

2.) Als Hirtenjunge zog ich einst
mit Schafen übers Feld,
doch Gott hat mich als Musikant
nun in Sauls Dienst gestellt. Denn...

3) Der große Kerl mit seinem Speer
blickt ziemlich finster drein.
Und brüllt er jetzt auch noch so sehr,
er jagt keine Angst mir ein. Denn...

4) Obwohl ich ihm nichts Böses tat,
werd ich von Saul bedrängt.
Doch Gott hilft mir auch weiterhin –
hat mir einen Freund geschenkt. Denn...

5) So manches Mal im Leben noch
verläßt mich wohl mein Mut.
Doch wenn ich meinem Gott vertrau,
wird alles wieder gut. Denn...

Text und Musik: Matthias Schubert
(Alle Rechte beim Verfasser)

Die Kinder verfolgten den Fortgang der Geschichte und des Liedes mit großer Aufmerksamkeit (der erste Teil der Erzählung ist hier abgedruckt, die weiteren Teile können hier aus Platzgründen nicht erscheinen) Am letzten Tag kam ein etwa sechsjähriger Junge mit seinem Kassettenrecorder zum Kindertreff, um das komplette Davidslied aufnehmen und mit nach Hause bringen zu können.

5 Erzählung und Lied: „Gott will wie ein Hirte sein"

Hallo, ich bin König David. Ich bin Herrscher über ein großes Königreich. Ich bin der mächtigste Mann im Land. Die Leute verbeugen sich vor mir und hören auf meine Befehle. Das war freilich nicht immer schon so. Ihr werdet lachen, wenn ihr hört, wer allein vor ein paar Jahren noch auf meine Befehle hörte: das war eine klitzekleine Herde von Schafen. Jawohl, ich war früher einmal ein Schafhirte. Ihr werdet euch jetzt sicher fragen, wie in aller Welt kann ein Schafhirte zum König werden, so etwas gibt's doch gar nicht – höchstens im Märchen...

Aber nein, hört euch meine Geschichte an und ihr werdet staunen, was es alles so gibt auf dieser Welt und was alles so passiert ist in meinem noch so jungen Leben. Als ich zwölf Jahre alt wurde, bekam ich von meinem Vater zum erstenmal den Auftrag, die Schafe allein auf die Weide zu führen und zu hüten. Ich war vorher schon ein paarmal mit meinen großen Brüdern zum Schafehüten unterwegs gewesen, aber nun mußten meine Brüder von zu Hause fort. Unser König Saul brauchte sie als Soldaten in seinem Heer, denn die Philister, ein fremdes Volk, bedrohten unser Land; sie wollten es überfallen und unser Volk zu ihren Sklaven machen.

So war ich also der einzige, den mein Vater losschicken konnte, um für die Schafe gutes Weideland und frisches Wasser zu finden. In Israel, dem Land, in dem ich wohne, ist das gar nicht so einfach. Im Sommer, wenn es sehr heiß ist, ist das Gras oft verdorrt und so mancher Bach ist ausgetrocknet. Man muß dann lange unterwegs sein und immer wieder neue Plätze suchen, wo es noch frisches Gras und Wasser für die Schafe gibt. So machte ich mich also im Alter von zwölf Jahren allein mit unseren Schafen auf den Weg; und ich wußte, ich würde viele Wochen unterwegs sein und für lange Zeit mein Zuhause nicht wiedersehen.

Das war wirklich nicht gerade einfach für mich: Das erste Mal allein von Zuhause weg – und gleich für so lange. Meine Mutter weinte, als ich loszog, doch mein

Vater tröstete sie und sagte: „Er ist zwar noch kein Mann, aber er ist schon groß genug, um allein zurecht zu kommen. Die Schafe kennen ihn. Er weiß, wie er sie beschützen und gegen wilde Tiere verteidigen muß. Er weiß, wie er sich selbst versorgen kann, er war doch oft genug schon mit seinen Brüdern unterwegs." Und er legte mir seine Hand auf die Schulter und sagte: „Gott wird mit dir sein, mein Junge, er wird dir in Gefahren beistehen. Gott wird dir helfen, gute Weideplätze für die Schafe zu finden. Er ist ja auch wie ein guter Hirte für uns Menschen."

Und so ging ich los, die Worte meines Vaters klangen mir noch lange in den Ohren. Auf meiner langen Wanderung bewegte ich diese Worte in meinen Gedanken: ,So wie ich jetzt meine Schafe auf gutes Weideland und zu frischem Wasser führe, so will Gott uns Menschen führen und für uns sorgen.' Und ich begann vor mich hin zu singen: „Gott will wie ein Hirte sein, er führt mich zum frischen Wasser". Und allmählich wurde daraus ein kleines Lied, das ich nun ständig vor mich hinträllerte (Melodie S. 29):

> Gott will wie ein Hirte sein.
> Er führt mich zum frischen Wasser.
> Gott will wie ein Hirte sein.
> Er weidet mich auf gutem Land.
> Gott will wie ein Hirte sein.
> Er führt mich zum frischen Wasser.
> Gott will wie ein Hirte sein.
> Er reicht mir seine Hand.

Auf meiner Wanderung kam ich allmählich ins Gebirge, denn dort – so wußte ich – würde ich am leichtesten noch grüne Wiesen und frisches Quellwasser für meine Schafe finden. Wenn es Abend wurde, suchte ich zwischen den Felsen Schutz vor dem aufkommenden Wind. Auch vor den wilden Tieren waren meine Schafe hier besser geschützt und leichter zu verteidigen. Manchmal fand ich auch eine kleine Höhle, in der ich dann ein Feuer machen und ein paar Stunden schlafen konnte...

Vor den Nächten graute es mir immer ein wenig. Die Dunkelheit und das Heulen des Windes machten mir Angst. Die Kälte ließ mich frieren, auch wenn ich in dicke Wolldecken eingewickelt schlief. So manches Mal wollte mich mein Mut verlassen. Doch dann dachte ich immer daran, daß ja mein guter Hirte auch bei mir ist, wie ich immer bei meinen Schafen war. Und ich sang mein Lied am brennenden Feuer, bis mir eines Nachts noch eine Strophe dazu einfiel:

Wenn ich nachts alleine bin
Und mein Herz ist schwer,
Denk ich dran: Gott ist bei mir.
Dann fürcht ich mich nicht mehr.
Denn Gott will wie ein Hirte sein...

So gingen die Jahre ins Land. Die Sommer verbrachte ich immer allein mit meinen Schafen im Gebirge. Die Steinschleuder war meine einzige Waffe gegen die wilden Tiere. Schon als kleiner Junge hatte ich gelernt, wie man mit einer solchen Steinschleuder umgeht. Nun übte ich jeden Tag und ich habe damit so manchen Bären oder Löwen verjagt...

Die übrige Zeit des Jahres lebte ich zu Hause bei meiner Familie in Bethlehem. Meine Brüder kamen von Zeit zu Zeit nach Hause und mußten bald darauf immer wieder zurück ins Heer von König Saul, um gegen die Philister zu kämpfen, die ein ums andere Mal unser Land überfielen.

Eines Tages dann hatte ich eine merkwürdige Begegnung mit einem Mann namens Samuel, der als ein Prophet des Herrn galt. Ja, man sagte von ihm, er sei ein Mann, der im Auftrag Gottes schon so manches Mal wichtige Botschaften für die Menschen seines Landes verkündet hatte. Diesem Mann begegnete ich also in unserem Dorf Bethlehem eines Tages. Und ihr werdet nicht glauben, was der zu mir gesagt hat. Er hat mich erst lange angesehen, ohne ein Wort zu sagen. Dann nahm er einen kleinen Ölkrug aus seiner Tasche, öffnete ihn und goß mir etwas Öl über den Kopf. Dabei sagte er: „Gott ist mit dir, darum fürchte dich nicht. Eines Tages wirst du König über ganz Israel werden." Alle, die um uns herum standen, wunderten sich natürlich über diese seltsame Prophezeiung. Wie sollte ich, ein Hirtenjunge, jemals zu einem König werden können?

Nun, was sich kurz nach diesem Erlebnis ereignete, davon will ich euch morgen weiter erzählen...

Barbara Czupalla, Daniel Petzold

Projekt „Apfeltraum"
Apfelsaft in der Jungen Gemeinde

1 Die Junge Gemeinde (JG) in Wörlitz

Wörlitz, eine Gemeinde von 1600 Einwohnern mit Stadtrecht, liegt mitten im etwa 1750 durch „Vater Franz" angelegten Dessau-Wörlitzer-Gartenreich im Herzen Sachsen-Anhalts. Es rühmt sich, über mehr Gaststättenplätze als Einwohner zu verfügen. Sommers strömen die Touristen in Scharen, besichtigen Schloß, Kirche und die im englischen Stil angelegten Anlagen.

Die evangelische St. Petri Gemeinde hat ca. 300 kirchensteuerpflichtige Gemeindeglieder und seit 1998 erneut eine JG, die vom damaligen Mitarbeiter des Bibelturms, einem jungen Theologen, ins Leben gerufen wurde. Die Arbeit der vorherigen JG war im Laufe der Zeit u.a. wegen Studienbeginn bzw. Bundeswehr- oder Zivildienst der Mitglieder eingeschlafen. Die heutige Stammgruppe besteht aus dreizehn Jugendlichen – vier älteren aus der Vorgängergruppe, die noch an Wochenendaktionen teilnehmen, und neun jüngeren, die die 9. bzw. 10. Klasse besuchen und in den vergangenen Jahren konfirmiert worden sind. Dazu kommen Gäste und Freunde. Zwischen den verschiedenen Altersgruppen gibt es keine wesentlichen Interessenkonflikte. Je nach Thema und Aufgabe gilt das Recht des Kompetenteren, so daß u.U. auch die Jüngeren das Sagen haben. Die Jugendlichen sind sowohl im schulischen als auch im außerschulischen Bereich sehr eingespannt, kommen oft erst spät vom Unterricht, besuchen Musikschulen bzw. spielen Fußball und Handball. An den Wochenenden bessern sie ihr Taschengeld durch Gondelfahren oder Hilfstätigkeiten im Gaststättengewerbe auf bzw. spielen bei Turnieren, so daß JG-Termine lange vorher geplant werden müssen, u.U. kurzfristig hinfällig werden können.

2 Konzeption der Jungen Gemeinde (JG)

Die JG trifft sich im Jugendraum, der sog. „Katakombe", im Fuß des Kirchturms. Der Raum bietet einen einfachen Holztisch und Bänke für die Gruppenarbeit sowie

34

eine Billardplatte, die auf Wunsch der Jugendlichen angeschafft werden konnte, finanziert durch die Kirchgemeinde und die Landeskirche. Die Jugendlichen haben drei Schlüsselgarnituren für den Raum erhalten, die kürzlich nach einer Argumentationsrunde unter dem Motto „Warum ich/wir einen Schlüssel für die Katakombe brauche/n" neu verteilt wurden. Alle haben täglich bis 23.00 Uhr Zugang zum Raum, müssen sich aber an die von ihnen verabschiedete Raumordnung halten (kein Alkohol/Tabak usw.), andernfalls drohen Sanktionen (Schlüsselentzug o.ä.). Doch werden solche Probleme fast immer von den Jugendlichen selber gelöst.

Dienstags ist ab 19.30 Uhr „Thema" angesagt. Vierteljährlich findet dazu eine Ideenkonferenz nach dem Motto „Biete/Suche" statt. Jede/r bietet ein Thema an, zu dem er/sie sprechen möchte, darf Wünsche äußern, worüber er/sie Informationen sucht. Aufgrund dieser Sammlung werden Themen und Referent/innen festgelegt bzw. gesucht und eingeladen. Eine Orientierung an biblischen Themen wird nicht gewünscht, aber auch nicht direkt abgelehnt.

Die JG ist offen für alle Jugendlichen des Ortes, so daß des öfteren sonst antikirchlich auftretende Jugendliche erscheinen, bei Interesse sich ruhig dazusetzen und mitmachen. Falls sie versuchen zu stören, werden sie von den Mitgliedern der JG darauf hingewiesen, daß sie sonst jederzeit willkommen sind, jetzt aber „Thema" ist. Ziel dieser Arbeit ist es, die in den Jugendlichen steckenden Charismen zu entdecken und zu fördern, um sie so zu mündigem, selbst- und verantwortungsbewußtem Mensch- und Christsein kommen zu lassen. Das erfordert von der Leiterin viel Geduld und eine hohe Frustrationstoleranz. Ein autoritäres Auftreten würde sicher manches erleichtern, aber auch Entwicklungen hemmen bzw. verhindern.[1] Als Manko der Arbeit ist das wenig geschulte Singvermögen der Jugendlichen zu nennen, ein Relikt der Christenlehrezeit in dieser Gemeinde.

3   Idee und Planung für das Projekt

Die Idee, mit der Wörlitzer JG Apfelsaft zu pressen, entstand im Mai dieses Jahres, als eine Gemeindegruppe im Umland mit dem Fahrrad unterwegs war und ich nach

---

[1] Vgl. D. Koller: Heilige Anarchie. Ein Plädoyer. In: Heilige Anarchie. Eine Streitschrift gegen die Ämterherrschaft in den Kirchen für das Charisma der Leitung und die Chance der Laien. München 1999, S. 83-95.

Wild- bzw. Gartenfrüchten für den Eigenbedarf fragte. Uns wurde gesagt, daß im Herbst massenhaft Äpfel anfielen, die oft keiner Verwendung zugeführt würden. Das wurde allgemein bedauert. Während meiner Studienzeit in Jena hatte ich nun am Projekt eines religionspädagogischen Blockseminars im Kloster Drübeck teilgenommen, bei dem es neben Klostergeschichte und Andachten (Horen) in der Klosterkirche auch um das eigene Herstellen von Apfelsaft ging. Dies, um nicht nur graue Theorie über den Zusammenhang zwischen Gebet, Tradition und Arbeit zu vermitteln, sondern deren praktische Durchführung zu erproben. Das empfand ich schon damals als sehr positiv und mutmachend.

So fragte ich bei Daniel Petzold an, ob die Möglichkeit bestünde, die benötigten Geräte zu leihen. Als dies bejaht wurde, hängte ich an die Tür des Jugendraumes ein Plakat mit der Aufschrift „Was'n das für'n Saftladen?" Hiermit wollte ich zum einen auf das Projekt aufmerksam machen, zum anderen die zu diesem Zeitpunkt etwas träge JG provozieren. Das funktionierte auch. Die Neugier war geweckt. Ich erzählte von unserer damaligen Aktion, dem Spaß, den wir dabei gehabt hatten und zeigte das entsprechende Video, das Andreas Schwarze aus Mühlhausen hergestellt hatte.[2] So wuchs die Bereitschaft, Saft zu pressen, recht schnell, zumal die Jugendlichen den lukrativen Aspekt ins Auge faßten. Man könnte ja den Saft verkaufen und die nächste Rüstzeit davon finanzieren!

Um die notwendigen Flaschen zu sammeln, bastelten wir einen Apfelbaum aus Pappmaché, der in der Kirche aufgestellt wurde. Für fünf leere Flaschen gab es einen Apfel am Baum, der später in eine volle Flasche Apfelsaft umgetauscht werden sollte. Im Amtsblatt der Gemeinde veröffentlichten wir mehrfach unseren Aufruf zur Abgabe von Flaschen und Äpfeln, die in der Woche vor der Aktion geerntet bzw. abgeholt werden sollten. Unerwartete Hilfe wurde uns durch die Lokalredaktion der Mitteldeutschen Zeitung zuteil, die unseren Aufruf gelesen hatte und fragte, ob sie ihn abdrucken dürfte, da Jugendarbeit immer gut ankäme. Natürlich durfte sie das. Positive Antworten bekamen wir auch vom Bürgermeister und dem Revierförster. Da es zu gefährlich und bürokratisch zu aufwendig erschien, die Straßenbäume abzuernten, hatten wir sie gefragt, welche Apfelbäume wir in ihrem Zuständigkeitsbereich abernten dürften.

---

[2] Das Video befindet sich in der „Didaktischen Schatzkammer" der Religionspädagogik in Jena. Anschrift: Prof. Dr. Klaus Petzold, Fürstengraben 1, 07743 Jena.

Das Projekt selbst setzten wir für Freitagnachmittag und Samstag an. Am Sonntag sollte der gemeinsame Besuch des Erntedankgottesdienstes die Aktion beenden. Zwei Andachten waren außerdem geplant. Eine für die Gruppe am Freitagabend, die andere für Samstag 17.00 Uhr im Rahmen der Reihe „Feierabend im Turm". Das Kaffeetrinken am Samstagnachmittag sollte sowohl interessierten Kirchenbesuchern als auch den Bringerinnen und Bringern der Erntegaben offenstehen.

Ziel der Aktion war u.a., etwas gemeinsam zu tun, dabei das reichlich anfallende Obst zu verarbeiten und der Gemeinde zu zeigen, daß die Jugendlichen nicht nur Geld fordern, sondern auch selbst etwas zur Finanzierung ihrer Aktivitäten beitragen können und wollen. Gleichzeitig sollte eine jugendorientierte Verbindung von JG, Jugend-andachten und Sonntagsgottesdienst erprobt werden.

4 Der tatsächliche Verlauf

Die Woche vor der Saftaktion hatten wir für die Apfelernte vorgesehen. Aufgrund des Zeitungsaufrufes hatte man uns mehrere ertragreiche, aber doch recht hohe Bäume angeboten, deren Ernte sich nicht immer als leicht erwies. Dazu gehörten überaus nette Besitzer mit durchaus eigenen Vorstellungen über das Vorgehen bei einer Apfelernte. Natürlich ergaben sich auch gute Gespräche, und die Begeisterung über arbeitende, engagierte Jugendliche war groß.

Die größte Ernteaktion war auf der gemeindeeigenen Wiese am Herrenweg geplant. Dazu sollten möglichst alle Jugendlichen kommen. In einem Telefongespräch am Nachmittag des betreffenden Tages stellte sich indes heraus, daß unsere Fußballspieler wegen eines verlegten Trainingstermins nicht dabei sein würden, was die anderen Jugendlichen sehr empörte. Der Verlust wurde dadurch ausgeglichen, daß ein Mädchen eine Freundin mitbrachte, die wir auch für das Wochenende einluden. Sie brachte außerdem noch Cousin und Cousine mit. Bis zum Einbruch der Dunkelheit waren zehn Säcke gefüllt, der mitgebrachte Apfelkuchen verzehrt und auch die anderen Jugendli-chen erschienen. Beim anschließenden JG-Abend wurde jede/r einzeln gefragt, wann er/sie am Projekt teilnehmen könne. Außerdem wurde die Essensfrage geklärt (Kochen, Salate, Waffeln, Kuchen). Ferner wurde beschlossen, von der Brauerei zehn leere Sprudelkästen zurückzukaufen, um über ausreichend leere Flaschen zu verfügen. Die bereits vorhandenen Flaschen wurden gespült und die Etiketten abgelöst, um später die von Martin entworfenen Etiketten aufkleben zu können.

Am nächsten Tag erhielten alle Teilnehmer einen aktuellen Ablaufplan mit persönlichen Anmerkungen. So wurde z.B. Jakob darauf hingewiesen, feuerfeste Handschuhe für die Waffelbäckerei mitzubringen, da er sich bei der letzten Aktion die Finger verbrannt hatte. Am Freitagnachmittag kam Daniel mit den zum Mosten benötigten Geräten (Fruchthäcksler, Hydraulikpresse) in Wörlitz an. Das Wetter war beständig und ließ ein Arbeiten im Freien zu. So konnte alles im Pfarrhof aufgestellt werden (Foto S. 178). Zettel mit Erklärungen zu den einzelnen Arbeitsschritten wurden aufgehängt, um den Durchblick durch den Arbeitsprozeß zu erleichtern (Äpfel waschen und ausschneiden, schreddern, Saft pressen, erhitzen und abfüllen).

Mit der üblichen Verspätung trafen dann die Jugendlichen ein, brachten auch Freunde mit, die sonst in keinerlei Beziehung zur Gruppe standen und zum Teil an der ganzen Aktion teilnahmen. Außerdem kamen ehemalige Mitglieder der JG, die ihr ganzes Wochenende der Aktion opferten, auf Partys und Disko verzichteten. Im Lauf des Spätnachmittags/Abends wurde der Ablauf einmal „durchgespielt", und die noch fehlenden Gerätschaften (Trichter/Einkochtöpfe) wurden besorgt. Das war aber im dörflichen Umfeld wenig problematisch. Gegen 20.00 Uhr waren alle Jugendlichen versammelt, so daß wir unsere Abendandacht im Turm halten konnten. Dazu hatten wir den Andachtsraum in der Turmspitze ausgewählt, der wegen seiner Form (achteckig) und Gestaltung (moderne Glasfenster zu den Seligpreisungen) sehr ansprechend ist. Da eine indirekte Beleuchtung nicht möglich war, behalfen wir uns mit Teelichtern bzw. sangen Taizé-Lieder auswendig. Und das klappte!

Am Samstagmorgen mußte zunächst Daniels Auto in die Werkstatt gebracht werden. Das hatte zur Folge, daß wir für ca. 1,5 Stunden auf unseren „technischen Leiter" verzichten mußten. Das konnte aber dadurch wettgemacht werden, daß einige der Jugendlichen die Abläufe bereits so gut im Griff hatten, daß es auch so ging, sie selbst zu „Experten" wurden. Wir hatten also eine „kreative Lücke": der eine entdeckte das Schreddern für sich, andere das Befüllen des Presskorbes usw. (Foto S. 179). Zwischendurch wurden Plakate geschrieben, um auf unsere Aktion aufmerksam zu machen, um Schaulustige anzulocken bzw. um die Gemeindeglieder zu Saft und Kuchen einzuladen. Mit großem Eifer wurden volle Saftflaschen in die Kirche geschleppt und der Verkaufspreis festgelegt (pro Flasche 2,50 DM – davon 2 DM für die Jugendarbeit und 0,50 DM für die Außensanierung der Kirche).

Die zur Einteilung der Jugendlichen ausgehängten Arbeits- und Abwaschlisten erwiesen sich als überflüssig, denn die Arbeiten wurden per Zuruf verteilt bzw. die

Jugendlichen fanden selbst heraus, wo sie gerade benötigt wurden. Ebenso spontan wurde das Mittagessen zubereitet (Salate, Brot, Käse usw.) und der Teig für den Kuchen gemischt. Über die Mischung der Zutaten wurde recht frei und locker entschieden, gleichwohl nicht ohne Verstand und so schmeckte alles super – eine reife kreative Leistung!

Gegen 14.00 Uhr stellten wir im Hof Tische und Stühle für unsere Gäste auf, die dann auch recht zahlreich kamen. Besonders die älteren Frauen, die Erntegaben gebracht hatten, mußten zunächst überredet werden, zu schauen, was die Jugend macht. Als sie aber erfuhren, wer schon zu Tische saß, kamen sie recht bald. Später war auch das Pastorenehepaar dabei. Die Jugendlichen selbst waren eher zurückhaltend, aßen und tranken schnell im Stehen, nur einzelne setzten sich für längere Zeit zu den Gästen. Wenn sie allerdings zu ihrer Arbeit befragt wurden, gaben sie bereitwillig und kompetent Auskunft (Foto S. 179).

Der Nachmittag endete mit einer „Apfeltraum-Andacht", die im Rahmen der Bibelturmandachten „Feierabend im Turm" im Pfarrgarten stattfand. Es wurde das Lied „Danke" (EKG 334) gesungen, der Psalm 104 im Wechsel gesprochen und nach einem freien Gebet das „Vater unser" gemeinsam gebetet. Um von den Jugendlichen und anwesenden Erwachsenen ein Feedback zu erhalten, griff ich auf eine mir vertraute Methode zurück. Jede/r erhielt einen Apfel, der mit den Händen zerbrochen wurde. Die Hälften wurden je in die rechte bzw. linke Hand genommen und es wurde gesagt, was gut gelaufen ist bzw. als unangenehm empfunden wurde. Die Jugendlichen äußerten ihre Zufriedenheit über die Aktion, aber auch, daß sie langsam genug hätten.

Nach der Andacht war die Saftaktion an sich beendet. Es mußten nur noch die letzten Eimer Saft erhitzt und abgefüllt werden, was sich als sehr langwierig herausstellte. Bis in die Abendstunden waren wir damit beschäftigt. Es folgte das Abwaschen und Etikettieren der Flaschen sowie das notwendige Putzen der Küche – eine Aktion, zu der wir kaum noch Kraft und Lust hatten. Zwischendurch ließen wir uns das von Fanny und Martin zubereitete Abendessen schmecken. Gegen 22.00 Uhr war alles geschafft. Vereinbart wurde, daß Daniel und Martin das Projekt am nächsten Tag im Gottesdienst vorstellen sollten. Fanny und Stefanie wollten im Anschluß daran den Verkauf der Flaschen organisieren.

Am Sonntagmorgen waren Stefanie, Fanny, Barbara und Daniel zum Gottesdienst erschienen (die Jungen hatten ein Fußballspiel). Martin fehlte. So beschlossen wir spontan, daß die Mädchen nach den Abkündigungen zu dritt vorgehen und Apfelsaft vor der Gemeinde trinken. Daniel würde dann dazukommen und Fragen an die beiden Mädchen stellen, so daß sich ein kleines Gespräch ergeben würde, das von unserer Aktion berichtet. Die spätere Verkaufsaktion lief sehr gut. Die Mädchen waren engagiert bei der Sache und stolz auf den erbrachten Erlös.

5   Eindrücke und Erfahrungen der Jugendlichen

Alex M.: „Ich hätte gar nicht gedacht, daß das so viel Spaß machen kann."
Stefanie: „Endlich mal was zusammen gemacht."
Christopher: „Das erzähl ich in der Schule."
Ali: „Und was machen wir als nächstes?"
Alex C.: „Super! Jetzt können wir nach Gernrode fahren."
Fanny: „War ganz nett, aber so bald kann ich keine Äpfel mehr sehen."
Martin: „Selbiges, aber Teamwork war gut."
Annika: „Ich fand gut, daß wir was zusammen gemacht haben und danach ein greifbares Ergebnis hatten."

Im „Wörlitzer Amtsblatt" Nr. 14 vom Oktober 1999 schrieben Stefanie Schubert und Jakob Schult:

Apfelsaft gefällig?

Nach diesem Motto starteten wir, die Junge Gemeinde Wörlitz, eine Apfelsaftaktion vom 01.-03.10.1999 zum Erntedankfest. Bevor es richtig losgehen konnte, mußten wir noch ca. 600 kg Äpfel sammeln. Einige Zentner von Privatleuten und aus Gärten. Einen großen Teil der Äpfel sammelten wir aber von Bäumen, die sonst vielleicht nicht abgeerntet worden wären. Das viele, reife und vor allen Dingen auch unbehandelte Obst, sollte nicht einfach nur verkommen. So standen bald 20 Säcke mit Äpfeln in der Garage des Pfarrhauses. So haben wir die Äpfel gewaschen und Stellen, die nicht in Ordnung waren, herausgeschnitten. Jetzt konnte es richtig losgehen. Die Äpfel kamen in den Schredder und wurden dann in die von Daniel mitgebrachte Hydraulikpresse gefüllt. Dort wurde durch einen von Wasser erzeugten Druck der Saft aus den Äpfeln gepreßt und in Eimern aufgefangen. Dann wurde der Saft in Einwecktöpfe gefüllt und auf 80°C erhitzt. Nach dem Erhitzen kam der heiße Saft in Flaschen und wurde luftdicht verschlossen. So ist er ca. 1 Jahr haltbar.

Dann wurden die selber entworfenen Etiketten auf die Flaschen geklebt. Ja, jetzt waren sie bereit für den Verkauf, der am Samstag nach dem Erntedankgottesdienst stattfand. Von den 2,50 DM, die die Flaschen kosteten, gingen 0,50 DM an die Außensanierung der Kirche und die anderen 2,00 DM an die Junge Gemeinde und für die Unkostendeckung. Natürlich haben wir für die Leute, bei denen wir Äpfel gesammelt oder die andere Erntedankgaben gebracht haben, einen schönen Nachmittag rund um Apfelprodukte gestaltet. Sie saßen bei Saft und Kuchen im Hof zusammen, erzählten einander und schauten uns interessiert bei der Arbeit zu. Für uns Jugendliche war es eine gute Erfahrung, mal etwas gemeinsam zu tun.

Es war auch schön, daß einige von uns kamen, die an den regelmäßigen Junge-Gemeinde-Abenden schon nicht mehr teilnehmen können, weil sie beim Bund sind oder studieren. Natürlich ist es auch ganz toll zu sehen, was man mit vereinten Kräften schaffen kann. Besonderen Dank auch nochmal an alle, die uns erlaubt haben, bei ihnen Äpfel aufzulesen, an die Stadt Wörlitz, daß wir im Gemeindebereich Äpfel sammeln durften. Ganz besonderer Dank gilt Daniel, der uns seine Gerätschaften sowie seine tatkräftige Hilfe zur Verfügung gestellt hat.

6 Kreative Projektarbeit

„Projekte sind komplexe Vorhaben größeren Ausmaßes, die ein Strukturproblem lösen sollen, mindestens eine strukturelle Verbesserung realisieren. Sie wollen einen Ist-Stand überwinden und sind mit Hoffnung auf Innovation verbunden; sie verlassen die Bahnen des Gewöhnlichen und erfordern eine größere Kraftanstrengung, mehr Ideen, Flexibilität und Zeit als der Normalbetrieb."[3] D.h., eine sinnvolle Projektarbeit benötigt in der Regel mehr Vorbereitung als die normale Gruppenarbeit. Schon deshalb kann und soll sie die normale Gruppenarbeit nicht ersetzen, allerdings kann das Gruppenleben durch Projektarbeit enorm positive Impulse bekommen, da Flexibilität, Selbständigkeit und Phantasie der Mitglieder gefördert werden. Die Ergebnisse von Projekten können öffentlich gemacht werden, sind wertvoll, nützlich und wichtig – sie drängen auf Kenntnisnahme, Beurteilung und Kritik anderer. Die Fähigkeiten der Beteiligten zur Selbstorganisation sowie zu

---

[3] K. Petzold: Theorie und Praxis von pädagogischer Projektarbeit. 9 Thesen für Drübeck, 24.10.'97 und Vierzehnheiligen, September '99, These 1 (unveröffentlichtes Manuskript).

spontanen Lösungen werden entwickelt. Selbstbestimmung wird einerseits einge-fordert und kann andererseits im Prozeß immer besser praktisch bewältigt werden.

In der Projektarbeit geht es um Projektlernen. Kinder und Jugendliche leben heute in einer Welt, in der die „Erfahrungen aus zweiter Hand" jene „aus erster Hand" zu überlagern beginnen.[4] Hier gilt es, sie aus ihrer künstlich eingeschränkten Aktivität und aus ihrer Bewegungsarmut herauszulocken, damit sie handlungsrelevante Vorstellungen und Erfahrungen entwickeln. Eine entscheidende Voraussetzung dafür ist ein dialogischer, mehrdimensionaler, demokratischer Rahmen. In ge-schlossenen, eindimensionalen, didaktischen Systemen sind kreative Lernprozesse nur sehr begrenzt möglich.[5]

Auf diesem Hintergrund kam es uns im „Projekt Apfeltraum" darauf an, das Verfah-ren mehrdimensional anzulegen und Freiräume für das eigene spontane Gestalten bewußt zu öffnen. Vier Dimensionen lassen sich unterscheiden, wenngleich sie sich auf vielfältige Weise berühren und durchdringen:[6]
– kognitive Dimension: Berechnung von Äpfeln und Flaschen, Organisation des Arbeitsablaufes (soweit das in den Grenzen der vorhandenen Zeit und Umgebung nötig ist), vernünftige Bedienung der technischen Geräte;
– emotionale Dimension: Spaß haben, Routine bei der Arbeit, Freude am fertigen Saft, Feiern in Andacht und Sonntagsgottesdienst, Entdecken der Zusammenhän-ge zwischen Ernten und Danken;
– soziale Dimension: gemeinsame Arbeit, öffentliches Interesse, Gemeinschaft bei Mahlzeiten, Entdecken von Möglichkeiten der Kooperation;
– praktische Dimension: Flaschen spülen, Äpfel ausschneiden, Andacht und Sonn-tagsgottesdienst gestalten, Umgang mit technischen Geräten.

Durch die Verknüpfung der verschiedenen Lerndimensionen wurden viele Sinne einbezogen, so daß geistige und körperliche Arbeit sowie religiöse und technische Lernprozesse keine getrennten Sektoren mehr waren und soziale Erfahrungen in abwechslungsreicher Form erlebt, gestaltet und bedacht wurden. All das fand in den Andachten sowie im Sonntagsgottesdienst seine kreative geistliche Vertiefung durch eigene Liedauswahl und Gebete, eigene Szenen und Interpretationen. Denn freilich: das Herstellen von Apfelsaft allein ist noch nicht kreativ. Es beinhaltet zunächst nur die Einhaltung eines feststehenden Arbeitsprozesses, um aus Äpfeln Saft zu machen,

---

[4] Vgl. G. U. Becker: Erfahrungen aus erster Hand – Erfahrungen aus zweiter Hand. In: WPB, Heft 2, 1986, S. 40ff.
[5] Vgl. K. Petzold, a.a.O., These 4.
[6] Vgl. K. Petzold, a.a.O., These 7.

und das mit bestimmten Geräten in einem bestimmten sozialen Rahmen. Kreatives Arbeiten und Lernen bedeutet hingegen, daß vorgegebene Verhaltens-, Denk-, und Arbeitsmuster aufgrund eigener Initiativen und Ideen überschritten werden. Das kann dort passieren, wo in unerwarteten Situationen eigene Erfahrungen und Vorstellungen neu hinzukommen. Zwei Beispiele aus dem „Projekt Apfeltraum" sollen das zum Schluß verdeutlichen.

Erstes Beispiel. Am Samstagvormittag war unser technischer „Experte" Daniel über Stunden unerwartet nicht vor Ort. Die anwesenden Jugendlichen hatten aber am Tag zuvor im Probelauf mit dem Mosten schon gute Erfahrungen gemacht und trauten sich zu, die Arbeit selbständig zu beginnen. Beim Aufbauen der Geräte wurde jetzt aufgrund eigener Ideen teilweise der Standort der verschiedenen Arbeitsschritte verändert und die Arbeit an den Geräten untereinander nach Fähigkeit und Interesse verteilt. Auf diese Weise eigneten sich die Jugendlichen aufgrund der Kombination eigener Erfahrungen und Ideen in situativen Entscheidungen ein Expertenwissen an, das sie zur Lösung von neuen Aufgaben befähigte und sie noch besser als vorher zu ihrem gemeinsamen Projekt motivierte.

Zweites Beispiel. Für den Samstagnachmittag war geplant, Gästen und Gemeindemitgliedern selbstgemachten Apfelkuchen und Saft anzubieten. Für den Kuchen wurden die nötigen Zutaten besorgt, allerdings ganz nach dem Geschmack der Bäckerinnen zusammengestellt (mit oder ohne Streusel/Nüsse usw.). Ebenso kam ein Jugendlicher auf die Idee, Apfelgelee zu kochen, da die Pfarrersfamilie gerade mit dem Auszug aus dem Pfarrhaus und dadurch mit dem Räumen des Kellers beschäftigt war und körbeweise leere Gläser zu Tage förderte. Schnell wurden Zucker und Geliermittel besorgt, um leckeres Gelee zu kochen, das neben dem Apfelsaft zum Verkauf angeboten werden konnte. Andere Konservierungsmöglichkeiten (Apfelscheiben trocknen, Mus/Kompott kochen usw.) wurden zwar eifrig diskutiert, wegen des zu großen Aufwandes aber doch nicht verwirklicht.

Klaus Petzold

Kreative Lernprozesse mit Altpapier in Loccum

1 Was hat Altpapier mit „kreativ" zu tun?

„Lumpen, Eisen, Knochen und Papier, ausgeschlag'ne Zähne sammeln wir", so begann ein älterer Mann um die 75 zu singen, als ich ihm während einer Bahnfahrt zwischen Hannover und Jena von einer Jugendgruppe erzählte, die sich „Altpapiergruppe" nennt. Leise sang er mit gebrochener, wehmütiger Stimme, und seine Augen gingen in die Ferne. In die Ferne einer Zeit, als er noch jung war – 15 ungefähr – begeisterter Hitlerjunge, fasziniert von den politischen Ideen und Aktionen der Nationalsozialisten. „Tja, das war'n noch Zeiten, da hatten wir noch Ideale, da brauchten wir nicht stundenlang vor'm Fernseher sitzen. Ernteeinsätze, Waldeinsätze, Zeltlager – nicht ‚Camping'! – Und natürlich auch Altpapier sammeln. Da gab's immer 'n paar Mark für. Das war damals viel Geld."

So viel ist also klar: Altpapier sammeln ist überhaupt nichts Neues. Das haben andere schon früher gemacht, um die Gruppen- oder Klassenkasse aufzufüllen, aber auch, um das Taschengeld aufzubessern, um das Haushaltsgeld zu erhöhen, eventuell sogar, um ihren Lebensunterhalt zu finanzieren. Bis hin zur staatlichen Jugendorganisation der DDR spielte das Sammeln von Wertstoffen die gesamte DDR-Zeit hindurch eine wichtige Rolle in Schule und Jugendarbeit. Jungpioniere und Thälmannpioniere zogen noch 1990 mit einem Schiebekarren durch die Straßen, klingelten, holten Altpapier, Flaschen, Metall, Lumpen ab und brachten die Sachen in ihre Schule zum Wiegen. Das Geld dafür kam in die Klassenkasse und wurde für Fahrten, Feiern, Kino, Disco usw. verwendet.

So gesehen ist das Sammeln von Altpapier ein alter Hut und noch keineswegs kreativ – es sei denn, man nimmt bereits in der Aktivität einer Altpapiersammlung selber Chancen für kreative Lernprozesse wahr. Beispiele dafür könnten viele Details sein, die für jede Sammlung dieser Art konstitutiv sind: der pragmatische Umgang mit Sammelfahrzeugen (Treckern, Anhängern), Papierkartons, Paketen und Pappen, besonders wenn sie die normalen Maße und Gewichte übersteigen; der persönliche Umgang mit der eigenen Dynamik von Lust und Frust bei körperlichen Anstrengungen jenseits der Grenzen des Alltäglichen; der zeitliche Umgang mit

Terminen, Zusagen, Absagen und entsprechenden Verbindlichkeiten innerhalb der Altpapiergruppe; der soziale Umgang miteinander beim Sammeln im Blick auf die ungewohnt vielschichtige Zusammensetzung der Gesamtgruppe (ca. 50 Leute aus allen gesellschaftlichen Milieus); der kommunikative Umgang mit dem Image der Sammelgruppe, ihr Agieren in der Öffentlichkeit und ihre Werbung; schließlich: das rationale Entdecken der übergreifenden Intentionen und Ziele einer großen Altpapiersammlung im Rahmen der Konzeption einer evangelischen Jugendgruppe und im Blick auf die Konsequenzen für die Logistik.

Das bedeutet: je weniger das Verständnis von Kreativität auf künstlerische Leistungen eingeschränkt wird oder gar auf Hochleistungen einzelner „Genies", je mehr dagegen die Vielfalt des von Gott geschenkten Lebens in seiner lernpsychologischen Mehrdimensionalität in den Blick rückt, desto eher und häufiger können Chancen für kreative Lernprozesse entdeckt und wahrgenommen werden. Freilich, es sind Chancen. Durchaus nicht jede Altpapiersammlung wird sie ohne weiteres realisieren. Sie können vertan werden, indem starre Ablaufschemata vorgegeben werden, die durch hierarchische Gruppenstrukturen durchzusetzen sind. Sie können ebenso vertan werden, wenn autoritäre Gruppenleiter oder -leiterinnen lediglich ihr persönliches Ordnungssystem oder gar ihre Willkür dominieren lassen.

2 Eine Definition von Kreativität

Auf diesem Hintergrund wird in der „Altpapiergruppe" Kreativität unter Verwendung einer Definition des Göttinger Pädagogen Heinrich Roth aus dem Jahr 1975 verstanden als „ein gewohnte Regeln und Lösungsschemata übersteigendes Verhalten", das mehrdimensional angelegt ist und den ganzen Menschen betrifft, nicht nur einen Sektor[1]. Innerhalb dieses Verhaltens führt Roth eine Differenzierung ein, die gerade auch für die Frage nach kreativen Lernprozessen bei Jugendlichen schlecht-

---

[1] H. Roth: Kreativität lernen? Deutsche Schule 1976, S. 145. Wir gehen hier bewußt auf eine relativ frühe Definition von Kreativität zurück, weil dadurch (gegenüber dem Werbejargon heute) die tiefere Verankerung der Kreativität in der Geschichte der Pädagogik deutlich wird. Mehr zu dieser Definition sowie zu ihrer Herkunft und Entfaltung in: K. Petzold: Theorie und Praxis der Kreativität im Religionsunterricht. Kreative Zugänge zur Bibel in Hauptschulen. Frankfurt/M., New York, Paris 1989, S. 31 lff. Ähnlich, aber differenzierter K. H. Flechsig: Erziehen zur Kreativität, in: A. Flitner/H. Scheuerl (Hg.): Einführung in pädagogisches Sehen und Denken, München 1967, S. 195-210.

hin grundlegend ist. Er unterscheidet zwei verschiedene Ausprägungen: die „Kreativität des Alltags" und die „kreativen Spitzenleistungen der Kultur, die in die Menschheitsgeschichte eingehen". Hinter dieser Unterscheidung steht das pädagogische, aber auch politische Interesse, Kreativität nicht auf einzelne erwachsene Genies zu beschränken, sondern sie mitten in allen Lebensbereichen von Menschen aller gesellschaftlicher Gruppen zu entdecken, anzuerkennen und zu fördern, m.a.W. Kreativität soll nicht das Vorrecht einer erwachsenen Elite mit einem bestimmten Schulabschluß sein. Vielmehr soll sie täglich gegenwärtig und allen zugänglich sein.[2]

In der Pädagogischen Anthropologie führt Roth dazu unter Verwendung des Begriffs „produktiv" aus: „Jede originelle sprachliche Wendung, jeder treffliche Spitzname, jeder gelungene Witz, jeder neue Gebrauch von Werkzeugen, jede selbstentdeckte Verbesserung von Geräten aller Art, aber auch jedes selbstgefertigte Werk, ob Brief, Liebesbrief, Zeichnung oder Bild, das eine eigene ‚Handschrift' zeigt, jeder selbstorganisierte Arbeitstag, jede selbstgeplante Reise, alle nach besonderem Rhythmus von Formen und Farben gestalteten Gärten, Wohnungen und Häuser sind Ausdruck produktiven Verhaltens, weil die Aufgaben, die dabei zur Lösung anstehen, gestaltendes, umgestaltendes, neuartiges, problemlösendes, erfinderisches und konstruktives Verhalten verlangen."[3] Im Blick auf Kinder- und Jugendarbeit (ganz ähnlich im Blick auf RU)[4] interessieren uns beide Ausprägungen von Kreativität in ihrer Vielfalt wie in ihren Abstufungen. Sie interessieren uns in pädagogischer und in theologischer Hinsicht, denn die „Altpapiergruppe" hat ihren konzeptionellen Ort im Rahmen der Evangelischen Jugend (vgl. unten S. 52ff und 58ff).

Pädagogisch grundlegend ist das Gespür für die Kreativität des Alltags von Kindern und Jugendlichen, denn sie ist der „pädagogische Humus" für alle weiteren Entwicklungen, so auch für pädagogische Zugänge zu Glaube und Religion. Als „eine erste generelle Voraussetzung für Neuschöpfungen" nennt Roth im Anschluß an Guil-

---

[2] „Man wird zugestehen müssen, daß Kreativität in allen Lebensbereichen möglich ist, im Denken, Fühlen und Handeln, in den sachlichen und sozialen Bezügen des Menschen, im Wahrnehmen, Denken und im Verhalten, in Kunst, Wissenschaft und Leben, kein Gebiet ist ausgeschlossen, alle Lebensbereiche sind für Neuentdeckungen, neue Erlebnis- und Sichtweisen offen, in allen Bereichen können Menschen kreativ einen neuen Ton anschlagen, ein erlösendes Wort finden, eine neue Liebestat erfinden." Ebd., S. 145.
[3] H. Roth: Pädagogische Anthropologie, Bd. 1, S. 154.
[4] Vgl. K. Petzold: Theorie und Praxis, S. 32f.

fords Analyse der Intelligenzdimensionen das „divergente Denken", ein Denken also, das von herkömmlichen Denkschemata abweicht.[5] Sodann stellt er einige gemeinsame Züge heraus, die kreative Menschen nach Thurstone charakterisieren: „a) Offenheit für neue Erfahrungen, angefangen bei Neugierde, Wißbegierde – auch für nicht reguläre Lernprozesse. b) Keine Angst vor Experimenten, mehr Mut zum Risiko, zum Spiel, zum Sich-aufs-Spiel-setzen, zur Abwechslung, zur Abweichung. c) Relative Feld- und Umweltunabhängigkeit, autoritätsfreie Selbstdarstellungs- und Selbstverwirklichungstendenzen, mehr Toleranz für Dissonanzen, Probleme, Konflikte, Komplexität". Darüber hinaus weist Roth auf die Bedeutung von Selbstvertrauen, Sensibilität und Hoffnung hin.[6] Speziell im Blick auf die Entwicklung der Alltagskreativität nennt er als günstige Voraussetzungen „Spontaneität, Improvisation, Einfallsflüssigkeit, Flexibilität".[7]

Besonders aufschlußreich für das Aufgabenfeld des Religionsunterrichts in der Schule – aber auch für Kinder- und Jugendarbeit in der Gemeinde – sind acht „Bedingungen für das Zustandekommen kreativen Schülerverhaltens", die Fritz Weidmann aufführt, z.t. in Anlehnung an bereits genannte Faktoren, z.T. erweiternd.[8] Wir fassen sie im folgenden zusammen.

1) Offensein für neue Erfahrungen statt Selbstbeschränkung auf vorgegebene Informationen und auf das Nachvollziehen ausgefahrener Denk- und Handlungsbahnen unter dem Konformitätsdruck von Einzelnen oder Gruppen innerhalb wie außerhalb der Schule.
2) Problematisieren von Sachverhalten, Situationen, Scheinlösungen statt Aufbau von Festlegungen des Denkens und Handelns (sets), die immer zur Lösung jedes Problems eingebracht werden.
3) Assoziieren von Einfällen, Bildern, Gedanken (Ideenfluß) statt Drill und Mechanisierung von Denk- und Handlungsabläufen.

---

[5] H. Roth: Kreativität, S. 147.
[6] Ebd. 148-149. Es ist wohl kein Zufall, daß die charakteristischen Merkmale kreativer Menschen im Vergleich zwischen einzelnen Listen eine breite Streuung aufweisen. Kreativität läßt sich von ihrem eigenen Ansatz, also von der Sache selber her nicht leicht eingrenzen und auf einen Nenner bringen. Roth gesteht zu: „Offenbar spielen alle diese Charakteristika eine Rolle, aber auch immer wieder entgegensetzte: statt Offenheit Rigidität, statt Vielseitigkeit Monomanie ..." (149).
[7] Ebd. S. 149.
[8] Weidmann: Kreative Schüler, Zürich/Einsiedeln/Köln 1974, S. 26-49.

4) Sozialintegrativer bzw. kooperativer Erziehungsstil mit viel Gruppenarbeit im Unterricht statt autoritärem Führungsstil, aber auch statt Laissez-faire-Stil.

5) Atmosphäre der Toleranz, des Akzeptierens und des Vertrauens in der Klasse mit möglichst wenig Konformitätsdruck statt Hemmungsbarrieren und Repression.

6) Muße als unentbehrlicher Freiraum zum Freisein von Leistungsdruck und von der Beurteilung unter den Gesichtspunkten der Produktivität und Effektivität.

7) Motiviertsein, verstanden als Bereitschaft, Interesse, Freude oder Neigung, Neues zu erfahren, Unbekanntes zu entdecken und selbst etwas herzustellen.

8) Fähigkeit zum Transfer von Gelerntem in neue Situationen hinein.

Eine ganze Reihe dieser Bedingungen und Faktoren waren bereits im Entstehungsprozeß der „Altpapiergruppe" wirksam und haben sie somit von Anfang an geprägt.

3   Ein politisch kreativer Anfang

Anfang der 80er Jahre wurde wenige Kilometer von Loccum entfernt die „Sondermülldeponie Münchehagen" betrieben. Auf dem Gelände hatten wir früher Libellen beobachtet und Frösche gefangen, Rehe belauscht und Kartoffeln am Stock gebraten. Es war nämlich eine Tonkuhle mit Äckern und Wäldern drumherum. Jetzt aber war sie abgesperrt. Das Verfahren war äußerst problematisch, aber genehmigt: in dem Tonschiefergestein wurden große Polder ausgebaggert, in die die verschiedensten Giftladungen bis hin zu Dioxinen vom LKW abgekippt wurden, natürlich „nach vorheriger Kontrolle". Das ganze passierte ohne Dachabdeckung von oben und ohne Bodenabdichtung nach unten sowie nach den Seiten. Die beruhigende offizielle Auskunft auf alle kritischen Anfragen und Einwände war immer: „Die Deponie ist dicht!" – Doch das war politische Propaganda, nicht geologische Realität, wie sich im Lauf der Folgezeit mehr und mehr herausstellte.

Ewald Dubbert, Ostfriese und Ortspastor in Loccum, gehörte zusammen mit anderen kritischen Bürgerinnen und Bürger nicht zu denen, die bei problematischen politischen Vorgängen die Grundhaltung haben: „Da kann man eben nichts machen. Das ist ja auch ganz legal." Aber die Proteste änderten lange nichts – eine deprimierende Erfahrung. Und wer nichts weiter als diese Erfahrung hat, kann daran politisch bald zerbrechen bzw. in das allgemeine politische Nichtstun verfallen, damals wie heute. Nur wer noch Visionen hat – Visionen von gelingendem Leben, das nicht in der Legalität von Verwaltungsvorschriften aufgeht – hat Alternativen, Kraft (nicht nur

Ideen!) für kreative Lösungen, die dem Leben dienen und nicht dem Tod. In der Bibel haben das erfahrene und weise Menschen so formuliert:

„Ein Volk ohne Vision geht zugrunde."
(Sprüche Salomos 29,18)

Auf der Suche nach der richtigen Vision ist freilich nicht eine von denen nachzubeten, die es gerade auf dem Großmarkt zwischen New York und Tokio gibt. Sie muß schon den Kriterien des konziliaren Prozesses entsprechen, d.h. sie hat der Bewahrung und Erhaltung der Schöpfung Gottes zu dienen; sie hat sich an der Suche nach wirtschaftlicher Gerechtigkeit zu orientieren und sie hat immer wieder Wege zum entmilitarisierten Frieden zu erproben. Dabei darf sie sich von den Einflüsterungen der Propaganda nicht schrecken lassen, die mit Beschwichtigungen und Drohungen (Wegfall von Arbeitsplätzen) arbeitet. Derartige Taktiken verschweigen Wahrheit, verdrehen Fakten und verleugnen Grundbedürfnisse der Menschen, Tiere und Pflanzen im Interesse kostengünstiger Lösungen der Entsorgungsprobleme von Industrieabfällen.

Die Kirchenvorstände aus dem Stiftsbezirk Loccum haben damals im April 1983 folgende Erklärung abgegeben:

Gemeinsame Erklärung

der Kirchenvorstände der evangelisch-lutherischen Kirchengemeinden von Loccum, Münchehagen, Rehburg und Wiedensahl zur Lagerung von Giftstoffen in der Sondermülldeponie Münchehagen.
Wir sind ernst besorgt über die Sondermülldeponie, die sich zwischen Loccum, Münchehagen und Wiedensahl in der Gemarkung Münchehagen der Stadt Rehturg-Loccum befindet.
In dieser Sondermülldeponie werden seit mehreren Jahren laufend hochgiftige Industrieabfälle abgelagert. In der sogenannten Altdeponie wurden die Abfälle in unzulänglicher Sicherheit untergebracht. Das Wasser und der Erdboden in der unmittelbaren Umgebung der Altdeponie sind so vergiftet worden, daß Bäume und Fische gestorben sind. Die Tonschichten der sogenannten Neudeponie sind an vielen Stellen wasserdurchlässig, so daß eine Verseuchung der Umwelt auch von der Neudeponie aus befürchtet werden muß. Nun ist sogar noch eine weiträumige Erweiterung der Neudeponie beantragt worden.
Wir sehen in dieser Sondermülldeponie eine ernsthafte Gefährdung des Lebens für die

Menschen, für die Pflanzen und Tiere, für die gewachsene und durch menschliche Kultur geschaffene heimatliche Landschaft. Diese Gefahren sind so beunruhigend, daß wir als Christen in den unmittelbar benachbarten Gemeinden in unserem Glauben betroffen und herausgefordert sind.

Wir bekennen uns als Christen zu unserer Welt als der Schöpfung Gottes, die wir Menschen als Gabe aus Gottes Hand mit dem Auftrag annehmen, sie zu bebauen und zu bewahren. In diesem Bewußtsein kommen unsere Gemeinden jährlich am Tage Christi Himmelfahrt zu einem gemeinsamen Gottesdienst in demselben Wald des Klosters Loccum zusammen, an dessen Rand in wenigen Kilometern Entfernung die Sondermülldeponie liegt. Die dort vorgenommene unsichere Lagerung lebensgefährlicher Giftstoffe widerspricht unserer Überzeugung vom verantwortlichen Umgang mit Gottes Schöpfung: hier wird die Welt nicht bebaut und bewahrt, sondern vergiftet.

Alle Maßnahmen der Betreibergesellschaft, der politischen Beschlußorgane und der zuständigen Verwaltungsstellen haben die gefährlichen Unzulänglichkeiten der Sondermülldeponie nicht verhindert. Viele Informationen über die Sondermülldeponie und viele Anregungen zur Verbesserung der Anlage sind erst dem Einsatz einer Bürgerinitiative zu verdanken. Konkrete Proteste der unmittelbaren Nachbarn, die um ihr Vieh, ihre Felder und Wiesen und um ihre eigene Gesundheit fürchten müssen, blieben erfolglos.

Wir wissen wohl, daß wir selbst mit schuldig sind an der Entstehung dieses Problems. Wir kaufen und benutzen in unserem täglichen Leben viele Dinge, bei deren Herstellung die giftigen Abfälle nicht zu vermeiden sind. Die Änderung unserer Verbrauchergewohnheiten fiele uns leichter, wenn bekannt wäre, um welche Produkte es sich dabei handelt.

Wir wissen, daß wir mit unserer Sorge um die Sondermülldeponie nicht allein stehen, und wir begrüßen ausdrücklich jede Anstrengung der zuständigen Personen und Institutionen, die Menge und Gefährlichkeit der Abfallstoffe herabzusetzen und die Sicherheit der Sondermülldeponie zu erhöhen.

Wir Kirchenvorstände aus Loccum, Münchehagen, Rehburg und Wiedensahl bitten alle Verantwortlichen aus Politik, Wirtschaft und Verwaltung, die kritischen Stimmen, die Sorgen und Ängste der Menschen in unserer Region zu hören und zu verstehen. Wir bitten Sie, die Abfallstoffe aus der Altdeponie restlos zu beseitigen, die Neudeponie so sicher zu machen, daß von ihr keinerlei Gefährdung mehr ausgeht und keine Erweiterung der Neudeponie vorzunehmen. Es ist bekannt, daß es andere, sicherere Möglichkeiten zur Lagerung giftiger Abfälle gibt, als die hier angewandte Tagebau-Technik. Wir bitten Sie dringend, solche Möglichkeiten zu nutzen, auch wenn damit höhere Kosten verbunden sein sollen.

Wir bitten alle Christen in unseren Gemeinden, sich mit dem Problem der Sondermülldeponie auseinanderzusetzen und in diesem Zusammenhang neu nach unserem Glauben an die Schöpfung Gottes zu fragen, der gegen unsere Ängste seine Verheißungen gesetzt hat: „Solange die Erde steht, soll nicht aufhören Saat und Ernte, Frost und Hitze, Sommer

und Winter, Tag und Nacht."
Darum bitten wir Sie, stimmen Sie uns zu, wenn wir aus christlichem Glauben vor den Gefahren warnen, die uns und unseren Kindern und unserer Heimat von der Sondermülldeponie drohen. Unterstützen Sie alle, die ihre Verantwortung in diesem Sinne wahrnehmen. Beten Sie mit uns, daß Gottes Segen uns Menschen und unserem Land trotz aller erfahrenen Bedrohungen immer erhalten bleiben möge.

Im Namen der Kirchenvorstände

gez. Eberhard Sievers, Loccum[9]
gez. Wolfram Braselmann, Münchehagen
gez. Horst Benninger, Rehburg
gez. Helmut Strecker, Wiedensahl

Derartige Beschlüsse sind zweifellos unverzichtbar und haben eine grundlegende, orientierende Bedeutung. Sie erreichen aber schon in der eigenen Gemeinde nur einen begrenzten Kreis von Erwachsenen – Jugendliche dagegen noch weniger, am wenigsten diejenigen, die nicht gewohnt sind, in erster Linie mit Schriftsprache umzugehen. In dieser Situation müssen geeignete Aktionsformen gefunden werden, die Menschen in vielfältiger Weise ansprechen, nicht nur mit Worten oder gar nur mit Texten. Für Pastor Dubbert und einige Konfirmanden hieß das: mit einem Trecker durch Loccum fahren und Papier aufladen – ein Beitrag zum Bewahren der Schöpfung Gottes (1 Mose 2,15). Genau das war die „Geburtsstunde" der Altpapiersammlungen in Loccum Anfang der 80er Jahre.

Durch diese Sammlungen wurde gerade gegen die frustrierenden Erfahrungen mit der Giftdeponie in aller Öffentlichkeit ein Zeichen gesetzt. Denn der Spruch ist ja nicht wahr: „Da kann man eben nichts machen". Was für wirksame Zeichen haben Menschen mit einem starken Gottvertrauen und entsprechenden Visionen im politischen Widerstand gesetzt, selbst noch in Konzentrations- und Vernichtungslagern! Wir denken an Martin Luther King, Dietrich Bonhoeffer (KZ Flossenbürg bei Weiden), Maksymilian Kolbe (KZ Auschwitz). Auch wenn sie keineswegs die einzigen waren, die Widerstand wagten, haben sie doch mit Recht heute ihren Platz in einem zeitgemäßen Religionsunterricht sowie in der Arbeit mit Konfirmandinnen und Konfirmanden bzw. Jugendlichen.

---

[9] Vgl. Eberhard Sievers: Die „Altpapiergruppe" in der Kirchengemeinde Loccum, in: Klaus Petzold (Hg.): 15 Jahre Altpapiergruppe in der Evangelischen Jugend Loccum, S. 92-94.

4 Innovationen vom Kirchentag 1983

Als Pastor Dubbert im Frühjahr dieses Jahres mit einer Armverletzung von einer Freizeit zurückkam und die nächste Sammlung nicht durchführen konnte, vertrat ich ihn und baute vom Herbst an zusammen mit Jugendlichen die Arbeit Schritt für Schritt aus.

Dafür kamen entscheidende Innovationen vom Evangelischen Kirchentag, der im Sommer 1983 nur 50km weiter in Hannover stattfand. Gerade weil dieser Kirchentag für die gesamte Friedens- und Ökologiebewegung kreative Anstöße vermittelt hat („Die Zeit ist da für ein Nein ohne jedes Ja zu Massenvernichtungswaffen"), war er auch für unseren Ansatz in der Loccumer Jugendarbeit von erheblicher Bedeutung. Bei den Meditationen und Aktionen in der „Halle der Schöpfung", bei den Liedern mit Piet Janssens und Fritz Baltruweit, bei den Wellen der lila Tücher im Niedersachsenstadion wurde uns deutlich: die Zeit ist da für einen ökologisch orientierten Ansatz in der evangelischen Jugendarbeit, auch in Loccum.

Warum? – Weil wir immer mehr zu der Überzeugung kamen, daß es nicht bei gelegentlichen Einzelaktionen bleiben kann, weil ökologisches Denken und Handeln keine Frage des privaten Geschmacks oder des persönlichen Hobbys ist, sondern eine Frage des Überlebens in der gesamten Schöpfung Gottes auf dieser Erde. Weiter merkten wir bald, daß eine konsequente ökologische Praxis im Gruppenleben – verbunden mit biblischen Orientierungen – geeignet ist, „no future"-Haltungen zu verringern (nicht nur bei Jugendlichen) und zukunftsorientierte Perspektiven von Solidarität und Gemeinschaft aufzubauen. Mehr noch: dieser Lernprozeß war zugleich ein Beitrag zu einem offenen und dialogischen Gemeindeaufbau im Sinn des Apostels Paulus:

> „Es sind verschiedene Gaben; aber es ist ein Geist. Und es sind verschiedene Ämter; aber es ist ein Herr. Und es sind verschiedene Kräfte; aber es ist ein Gott, der da wirkt alles in allem ... Das Auge kann nicht sagen zu der Hand: Ich brauche dich nicht; oder auch das Haupt zu den Füßen: Ich brauche euch nicht. Vielmehr sind die Glieder des Leibes, die uns die schwächsten zu sein scheinen, die nötigsten." (1 Kor 12,4-6; 21-22)

Zwei weitere Motive kamen beim Aufbau der „Altpapiergruppe" hinzu, ein politisches und ein religionspädagogisches. Politisch war die Zeit Anfang der 80er Jahre gekennzeichnet durch eine neuerliche Welle neofaschistischer Aktivitäten, die eigentlich schon damals nicht mehr als jugendpolitisches Randphänomen abzutun waren. Im Blick auf diese gefährliche Entwicklung ging es uns im ökologischen Ansatz der „Altpapiergruppe" um zugkräftige Handlungsalternativen, die gleichzeitig tragfähige Erfahrungen mit kreativer, dialogischer Gemeinschaft und geistiger Orientierung ermöglichen, keineswegs einfach Aktivismus oder bloß ein „starkes Gruppengefühl".

Religionspädagogisch war Anfang und Mitte der 80er Jahre ein gefährliches Bemühen zu beobachten, dem Religionsunterricht in der öffentlichen Schule wieder stärker Aufgaben der christlichen Gemeinde zuzuweisen,[10] anstatt die Gemeinde selber auf ihre unverzichtbaren pädagogischen Aufgaben zu verpflichten, sie darin zu stärken und zu fördern. Was aber für Lehrerinnen und Lehrer im Religionsunterricht selbst in abgeminderter Form eine glatte Überforderung darstellt, war dagegen für Kinder- und Jugendarbeit in der Gemeinde genau die richtige Herausforderung: im Rahmen der realen Ortsgemeinde samt ihren Nachbarschaften, Familien und Freundschaften ein Netz von Begegnungs- und Aktionsmöglichkeiten aufbauen, das an den Grenzen zwischen sozialen Milieus und Bildungsschichten nicht haltmacht, sondern ganz verschiedene Fähigkeiten anspricht, viele verschiedene Menschen beteiligt und einen großen Bogen über die Generationen spannt. In diesem Horizont liegt dann auch für Kinder und Jugendliche der primäre und zentrale Ort für Gemeindeerfahrung, für Glaubenserfahrung im Zusammenhang mit Gemeinde und für Einübung bzw. kreative Neugestaltung von elementaren Formen der Frömmigkeit wie Bibelarbeit, Andacht, Gebet, Abendmahl.

Bei allem Engagement für angemessene Aufgaben der religiösen Erziehung und Bildung in Kindergarten, Schule und Religionsunterricht (die sechs Kinder unserer Familie waren zwischen drei und fünfzehn Jahren, ich selber arbeitete am RPI Loccum mit dem Schwerpunkt Sekundarbereich I) war das für uns eine klare konzeptionelle Grundentscheidung: kirchliche Aufgaben innovativ in der christlichen Gemeinde wahrnehmen und nicht autoritativ der staatlichen Schule aufbürden!

---

[10] Vgl. Matthias Hahn: Evangelische Religion im Lehrplan. Ideologiekritische Analyse ausgewählter Lehrpläne für den evangelischen Religionsunterricht an Hauptschulen zwischen 1980 und 1990, Weinheim 1992, besonders S. 95ff.

5   Die wundersame Gruppenvermehrung oder:
Aus einer wurden sechs

Dem Namen nach geht es in der „Altpapiergruppe" natürlich um Altpapiersammlungen. Das stimmt vom ersten Tag an bis heute (Foto S. 180). Wer genauer hinsieht, merkt freilich bald, daß es um einen wesentlich größeren Zusammenhang von Themen, Inhalten, Angeboten, Zielen und Aktivitäten geht, als sich in einem einzigen Wort ausdrücken läßt: eigene Organisation und Gestaltung von offenen Jugendandachten und -gottesdiensten (Foto S. 181), Beteiligung bei Kirchentagen durch eigenen Stand mit Bauwagen (Foto S. 181), Beteiligung bei Gemeindefesten durch eigenen Verkaufsstand, bei Erntedankfesten durch eigenen Trecker und Wagen (Foto S. 182), eigene Inszenierungen von Festen und Feiern (Foto S. 183)!

Als Markenzeichen für diesen Ansatz in der Jugendarbeit wurde eines Tages eine kreative Verbindung von einem altbekannten Symbol und einem weitverbreiteten neuen Zeichen geschaffen: in die Weltkugel vom „Kreuz auf der Weltkugel" wurde das Recyclingzeichen eingetragen (vgl. S. 61). Auf diese Weise wird die enge Verbindung von evangelischer Jugendarbeit und ökologischem Ansatz zum Ausdruck gebracht – nicht nur im Gruppenstempel, sondern auch auf T-Shirts, am Bauwagen und in Briefköpfen.

Das folgende Schaubild stellt den derzeitigen Aufbau der „Altpapiergruppe" dar. Die linke Säule ist die Sammelgruppe, an der alle anderen Gruppen beteiligt sind. Die mittlere Säule führt die vier Teilgruppen auf. Die rechte Säule benennt die verschiedenen Leitungs- und Planungsfunktionen. Dabei teilt sich die Gruppe der Teamerinnen und Teamer die Leitungsaufgaben in den einzelnen Gruppen, während die Gesamtkoordinatorin außer ihren Gruppenaufgaben vor allem die Fäden zusammenbringt und -hält. Die zentrale Organisation der Sammlungen liegt ebenfalls in ihrer Hand. Einmal im Jahr (November) lädt sie zu einer offenen Planungsrunde in das Gemeindehaus ein, wo Anregungen sowie Angebote für die eigene Mitarbeit von Kindern, Jugendlichen und Eltern gesammelt werden. Anschließend wird nach einer letzten Abstimmung mit Mitgliedern des Kirchenvorstandes das Programmheft für das neue Jahr erstellt, 1400 mal gedruckt und eigenhändig in alle Briefkästen verteilt (das Heft für 2001 kann zugeschickt werden; Adresse vgl. S. 61).

54

Die verschiedenen Gruppen in der „Altpapiergruppe" und ihre Aufgaben

SAMMELGRUPPE

alle Altersstufen von 9-70

4 große Straßensammlungen pro Jahr mit Treckern und Hängern; ca. 50 Helferinnen und Helfer.

8 kleine Sammlungen pro Jahr als „Bringesammlungen" (ohne Trecker), davon 6 von der Altpapiergruppe durchgeführt – besonders mit „Senioren" (ca. 3 Männer um die 70) – 2 von der Jugendfeuerwehr Loccum. Jahresmenge aller Sammlungen 1998: 168,76t Papier und Pappe; 1999: 190,12t.

EINZELGRUPPEN

BÄREN
ca. 10 Jugendliche ab 16. Schwerpunkt: Mitarbeit bei einzelnen Projekten nach Absprache.

EICHHÖRNCHEN
10-15 Kinder, 9-10 Jahre. Schwerpunkt: wöchentliche Gruppenstunden.

KATZEN
ca. 20 Jugendliche, 11-13 Jahre. Schwerpunkt: wöchentliche Gruppenstunden.

GITARRENGRUPPE
ca. 7 aus allen Altersstufen. Schwerpunkt: wöchentliche Übungsstunden über einige Monate hin; Liedbegleitung bei Jugendandachten/-gottesdiensten.

GRUPPENLEITUNG
11 Teamer/Teamerinnen zwischen 13 und 51 Jahren. 1 Gesamtkoordinatorin. Schwerpunkt: Planung und Durchführung der Gruppenstunden und Freizeiten u.a.

Offene Planungsrunde im November für das gesamte folgende Jahr mit
• allen interessierten Kindern und Jugendlichen,
• allen interessierten Eltern,
• 2 Mitgliedern des Kirchenvorstands.

Eine einzige Gruppe ist bisher nicht genannt, weil sie innerhalb der Sammelgruppe vorkommt, sonst aber nicht: die Treckerfahrer. Dabei liegt auf der Hand: ohne sie würden die Sammlungen in Loccum gar nicht laufen (im doppelten Sinn). Es sind ältere Jugendliche sowie erwachsene Männer und Frauen, die in den 18 Jahren irgendwann für die Sammlung gefahren sind – sei es einmal, sei es dreißigmal – und das immer unentgeltlich!.

Was die Finanzen betrifft, wird die gesamte Arbeit von der Gesamtkoordinatorin bis hin zur jüngsten Teamerin, von den Eltern, die ihre Urlaubstage in eine Gruppenfahrt einbringen, bis hin zum Treckerfahrer, der schon zum 25. Mal fährt, vom ersten Tag an ehrenamtlich gemacht. Niemand bekommt dafür einen Pfennig.

Der Gewinn wird schon immer nach einem festen Schlüssel aufgeteilt:
15%   für Kinder in Not, z.B. für die Arbeit mit Straßenkindern in Sao Paulo, für eine Sonderschule in Indien, für ein Waisenhaus in Rußland;
25%   für Jugendarbeit in der eigenen Kirchengemeinde;
60%   für Ausgaben und Anschaffungen der „Altpapiergruppe", z.B. bei Gruppennachmittagen, Freizeiten, Fortbildungen.
Abgerechnet wird von der Gesamtkoordinatorin am Jahresende mit dem Kirchenkreisamt, das ihre Arbeit sehr unterstützt. Sie führt gleichzeitig ein eigenes Sparkassenkonto der Gruppe, das als Zahlstelle des Kirchenkreisamtes definiert ist.

6   Ökologie und Ökonomie in der „Alipapiergruppe"

Versucht man, den beschriebenen Ansatz ökonomisch einzuordnen, ist das Besondere dieser Arbeit, daß sie sich selbst trägt und sogar noch Erträge „abwirft". Hier wird eine Entsorgungsaufgabe privatwirtschaftlich gelöst, die sonst bei der kommunalen Müllabfuhr öffentlich geregelt wird. Dadurch wird der Ansatz der „Altpapiergruppe" zu einem Modellfall dafür, daß traditionell staatlich geleistete Aufgaben (hier: öffentliche Bereitstellung von Dienstleistungen) auch in privater Eigeninitiative übernommen werden können.[11] – Mehr noch: das zu erleben und selber daran mitzuwirken, schafft bei Kindern, Jugendlichen und Erwachsenen ein neues Bewußtsein von der Kraft eigener Initiative, von den Chancen gemeinsamer Aktionen und von dem Wert konsequenter Arbeit von Ehrenamtlichen in einer

---

[11]   Vgl. Harvey S. Rosen/Rupert Windisch: Finanzwissenschaft, München/Wien 1992, S. 142148; zum Phänomen der Deregulierung vgl. Helmut Schmalen: Grundlagen und Probleme der Betriebswirtschaft, Köln 1996[10], S. 28f.; Eberhard Laux: Deregulierung, in: Handwörterbuch der Betriebswirtschaft (HWB), Stuttgart 1993, Sp. 743-753. – Diesen Hinweis verdanke ich der freundlichen Beratung eines Kollegen in der Wirtschaftswissenschaftlichen Fakultät: Prof. Dr. Reinhard Haupt, Jena.

Gemeinde. Wo diese Erfahrungen in Lob und Dank vor Gott ausgesprochen werden, kann er durch sie Resignation überwinden, Hoffnung wachsen lassen und Visionen von gelingendem Leben schenken, die sich auch bei steifem Gegenwind nicht umpusten lassen: wachsen gegen den Trend! Und diese Ökonomie Gottes – freilich unverfügbar – ist selbst mit dem größten Geldertrag überhaupt nicht zu vergleichen.

7 Es geht nicht immer reibungslos

Zunächst ist das sicher ganz erfreulich: aus einer kleinen Sammelgruppe von ca. zehn Leuten 1983 ist im Lauf der Jahre eine große Aktionsgruppe mit 100 Händen geworden, die von allen Generationen getragen wird. Darin und daraus haben sich fünf Jugendgruppen entwickelt (z.zt. „Eichhörnchen", „Katzen", „Bären", „Teamer/innen", „Gitarren"), die sich zum großen Teil wöchentlich treffen, ihr eigenes Gruppenleben haben und Aktionen, Freizeiten, Andachten/Jugendgottesdienste gestalten. Aus vier jährlichen Straßensammlungen Mitte der 80er Jahre sind zwölf Sammlungen pro Jahr geworden. Im Vergleich zu drei Freizeiten 1984 wurden jetzt sechs im Jahr 2000 durchgeführt. Statt einem Gruppenleiter 1983 haben wir inzwischen elf. Das Sammelergebnis stieg von ca. zehn Tonnen pro Jahr am Anfang auf 190,12t Papier und Pappe im Jahr 1999 mit einer Einnahme von 15.209,60 DM (1996: 166,60t; 1997: 161,7t; 1998: 168,76t).

Andererseits hatten wir in all den Jahren auch einige kleinere und größere Konflikte, denn natürlich gefällt nicht allen eine so starke ökologische Orientierung in der Jugendarbeit – zumal in einer Kirchengemeinde. Natürlich sind nicht alle Gemeindeaufbau in dieser Form gewohnt. Natürlich können sich nicht alle auf Beteiligungsmodelle und Vernetzungen einlassen, die stark von Kindern und Jugendlichen mitbestimmt werden. Das ist verständlich, denn es gibt ja auch Ansätze in der Jugendarbeit mit anderen Schwerpunkten, z.B. bibelzentrierte, politische, musikalische, bündische. Als integrierte Anteile kommen diese Elemente zwar z.T. im ökologischen Ansatz der „Altpapiergruppe" vor, aber nicht als leitende Gesichtspunkte.

Das ist in einer pluralen Gesellschaft und einer vielfältigen Kirchengemeinde legitim, wenn Pluralität und Vielfalt in einer lebendigen Beziehung zur Einheit bleiben. Es ist nur ebenso wichtig, daß die entsprechenden konzeptionellen Überlegungen, Diskussionen und Konflikte von Sachargumenten getragen werden und in einer

Atmosphäre der gegenseitigen Achtung, des offenen Dialogs und der demokratischen Entscheidungsprozesse in Freiheit geschehen können. Druck von oben und Zwang zur Uniformität sind hier ebensowenig am Platz wie Undurchschaubarkeit und Chaos. Da sind wir aber inzwischen wieder auf einem guten Weg und freuen uns über eine breite Unterstützung im Dorf, im Kloster Loccum und in der Kirchengemeinde. Gott sei Dank!

8 Was hat Altpapier mit evangelisch zu tun?

Das ist eine der Streittragen, die so oder ähnlich in den vergangenen 18 Jahren immer wieder einmal gestellt worden sind, sei es im Gespräch über Gemeindekonzeptionen oder im Elterngespräch, beim Frisör oder in der religionspädagogischen Diskussion. Die Antwort ist auf dem Hintergrund der dargestellten Konzeption evangelischer Jugendarbeit eigentlich klar und braucht an dieser Stelle nur zusammengefaßt zu werden.

1. Theologische Inhalte
Die „Altpapiergruppe" steht auf reformatorisch-theologischem Fundament mit besonderem Akzent auf dem Artikel von der Schöpfung (vgl. Gemeinsame Erklärung der Kirchenvorstände, S. 49f). Sie praktiziert in all ihren Andachten/Gottesdiensten die Auslegung biblischer Texte in Verbindung mit kreativen Gestaltungsformen, eigenen Gebetstexten und neuen geistlichen Liedern. Dieses Liedgut wird in Gruppenstunden, Freizeiten und Lagern geübt. Zudem gehören zu allen Freizeiten und Lagern Andachten, die ihrerseits wichtige Vorbereitungen für die Andachten/Jugendgottesdienste in Loccum sind.

2. Aus- und Fortbildung
Die „Altpapiergruppe" initiiert und organisiert ihre religionspädagogischen Qualifizierungsprozesse selber, sei es durch die Einrichtung eigener Kurse mit eigenen Referentinnen/Referenten oder mit entsprechenden Personen des Landesjugendpfarramtes oder durch den Besuch ausgewählter Kurse von dort. Die jeweilige Entscheidung hängt einerseits von den Bedürfnissen der Gruppe ab, andererseits von der Angebotspalette der Zentrale. Außerdem wird die aktive Mitarbeit bei Kirchentagen (Hamburg, Leipzig, Stuttgart und Frankfurt 2001) als hervorragende Gelegenheit zur Fortbildung verstanden.

3. Finanzen

Die „Altpapiergruppe" finanziert ihre gesamte Arbeit vom Bastelmaterial über Freizeiten und Andachten bis zur Fortbildung aus eigenen Altpapiersammlungen, Spenden für die Gruppe und staatlichen Zuschüssen, nicht aus Kirchensteuermitteln.

4. Leitungsaufgaben

Die „Altpapiergruppe" wird bisher immer von ehrenamtlichen Jugendlichen und Erwachsenen geleitet, die sich als Teamerinnen und Teamer verstehen und ihre geistliche Selbständigkeit bis hin zur eigenen Vorbereitung und Verantwortung von Jugendandachten/-gottesdiensten realisieren. Sie folgt somit in ihrer Gemeindearbeit einem Beteiligungsmodell. Die Gesamtkoordinatorin ist ein von der Kirchgemeinde mit sehr hoher Stimmenzahl gewähltes Mitglied des Kirchenvorstandes, die im Durchschnitt 10-12 Stunden pro Woche auf den verschiedensten Ebenen investiert, natürlich ehrenamtlich (vgl. oben S. 56).

5. Institutioneller Rahmen

Die „Altpapiergruppe in der Evangelischen Jugend Loccum" ist sowohl ein Teil der „Evangelisch-lutherischen Gemeinde Loccum" als auch ein Teil der „Evangelischen Jugend Niedersachsen". Sie ist somit institutionell doppelt eingebunden: in die „Evangelisch-lutherische Kirche Hannovers" einerseits und in die „Evangelische Jugend Deutschland" andererseits. Eine spezielle Verbandsanbindung (z.B. an CP, CVJM) besteht nicht, obwohl sie in Konfliktzeiten gelegentlich erwogen wurde. Die punktuelle Kooperation mit der Ortsfeuerwehr bei Sammlungen ist schon wegen ihres sehr geringen Umfangs (vgl. S. 55)institutionell nicht relevant.

Trotz dieser theologischen und pädagogischen Klarheit wird die o.a. Frage aus zwei verschiedenen Gründen von Zeit zu Zeit reflektiert, zum einen aufgrund eines ganz natürlichen Informationsinteresses, zum anderen aufgrund theologischer, pädagogischer oder politischer Gegenpositionen von Einzelnen in der Gemeinde oder Gästen der Gruppe. Die Anfragen, Einwände und Bedenken aus verschiedenen Zeiten der vergangenen 18 Jahre lassen sich i.w. in vier Bereiche gliedern, für die im folgenden jeweils ein markantes Zitat steht.

• „Nicht fromm genug!"
Hier wird moniert, daß Jugendliche der „Altpapiergruppe" nicht häufiger zum

Sonntagsgottesdienst gehen und daß sich die Jugendandachten /-gottesdienste der „Altpapiergruppe" zu sehr vom bisherigen Sonntagsgottesdienst unterscheiden (liturgisch, sprachlich, atmosphärisch).

- „Nicht entschieden genug"!

Hier wird kritisiert, daß die „Altpapiergruppe" offen ist für Getaufte und Nichtgetaufte sowie für Katholiken, Muslime und Angehörige christlicher Sondergruppen, ohne sie zur Taufe zu drängen.

- „Nicht biblisch genug"!

Hier wird bemängelt, daß in der „Altpapiergruppe" nicht zu Beginn der Gruppenstunden die Losungen gelesen werden (gemeint: Herrenhuter Losungen).

- „Nicht eingebunden genug"!

Hiermit ist die zu geringe Unterordnung der „Altpapiergruppe" in bestimmten Situationen im Visier, ihre relativ ausgeprägte finanzielle, theologische, pädagogische und politische Selbständigkeit.

- „Nicht verbindlich genug"!

Hier wird bemängelt, daß der Rahmen für Teilnahme und Mitarbeit zu offen ist, Verpflichtungen nicht konsequent genug durchgesetzt werden, evtl. mithilfe von Strafen. Dementsprechend fehlen auch alle äußeren Merkmale für Leistung, Gruppenhierarchie und Autorität wie besondere Spangen, Nadeln, Streifen, Sterne, Orden u.ä.

Wo derartige Kritik von einzelnen geäußert wird, bemühen wir uns, in ein Gespräch zu kommen, oft mit Gewinn für beide Seiten, so daß wir mit Hanns Lilje, einem großen Bischof mit einem weiten ökumenischen Horizont, sagen können: „We are not the same after!" An manchen Stellen aber bleiben immer noch herbe Enttäuschungen aufgrund von verhärteten, verkrusteten und ausgrenzenden Positionen, die nur das gelten lassen, was in der eigenen Jugendzeit vor 40, 50 und mehr Jahren an christlichen Normen selbst erlebt wurde oder später in einem aktuellen Bekehrungserlebnis erfahren werden konnte. Wir verstehen solche Realitäten mit dem Apostel Paulus als „Pfahl im Fleisch", der zum einen zu produktiven Gebeten und Kämpfen herausgefordert, zum anderen aber auch daran erinnert, daß das Reich Gottes in dieser Welt mit Jesus aus Nazareth zwar begonnen hat, aber noch nicht vollendet ist.[12]

---

[12] Ausführlicher zur Arbeit der Altpapiergruppe vgl. Klaus Petzold (Hg): 15 Jahre Altpapiergruppe in der Evangelischen Jugend Loccum, Loccum 1999.

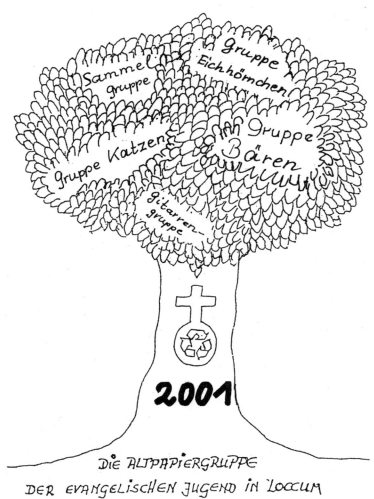

Aus dem Angebotsheft der Evangelischen Jugend in Loccum 2001

**ALTPAPIERGRUPPE
IN DER EVANG. JUGEND**
Berliner Ring 37
31547 Loccum
Tel.+Fax: 0 57 66 / 12 57

Lothar Teckemeyer

„So wie wir atmen, so leben wir" – Zum Buß- und Bettag in den Berufsbildenden Schulen[1]

1 Der Buß- und Bettag

Immer dann, wenn Krisen oder Katastrophen wie Krieg, Hungersnöte, Unwetter oder Pest drohten, wurden von den Regierenden und den Kirchen Bußtage ausgerufen. Dann, wenn Menschen in Not gerieten, dann, wenn sie in ihrer Existenz und das „Volkswohl" bedroht waren, wurde innegehalten, nachgedacht, Buße geübt, zur Umkehr aufgerufen und Gott im Gebet angerufen. Gottesdienste zum Schutz der Ernte, anläßlich von Epidemien und Seuchen oder von Naturkatastrophen waren bis ins letzte Jahrhundert hinein selbstverständlich. „Noch 1878 gab es in 28 deutschen Ländern 47 verschiedene Buß- und Bettage an 24 verschiedenen Tagen."[2] Angeordnet wurden solche „Landesbußtage" von der „weltlichen Obrigkeit" kraft der ihnen von Gott verliehenen Macht. Sie waren um die Landeswohlfahrt besorgt. Sie waren an solchen Staatsfeiertagen, die als kirchliche Feiertage zu begehen waren, interessiert. Buß- und Bettage in dieser Vielfalt waren nur denkbar, weil es eine enge Bindung von Staat und Kirche gab. Das hat sich geändert.

Im Lauf der Geschichte sind die Buß- und Bettage, im besonderen der Buß- und Bettag am Ende des Kirchenjahres, zu einem Paradigma für die zunehmende Distanz zwischen Staat und Kirche geworden. So gab es ab 1893 in Norddeutschland nur noch einen verbindlichen Buß- und Bettag als gesetzlich geschützten Feiertag. Am letzten Mittwoch im Kalenderjahr wurden alle bis dahin existierenden Bettage zusammengefaßt. Vor wenigen Jahren ist aber auch dieser Schutz eingeschränkt worden. Zwar kann weder einem Schüler noch Beamten die Teilnahme an einem Gottesdienst verweigert werden, als bundesweit gesetzlich geschützter Feiertag gilt er aber nicht mehr.

---

[1] Der Aufsatz erschien in: Homiletische Monatshefte. 74. Jg. 1998/99, Reihe III, Heft 12, Göttingen 1999, S. 538-542.
[2] Religion in Geschichte und Gegenwart (RGG), Bd. 1, Art. Bußtag.

Das ändert jedoch nichts an der theologischen und kirchlichen Bedeutung des Buß-
und Bettages: Er hat nach wie vor die Aufgabe, das Zusammenleben der Menschen
zu befragen und für das Wohl aller Menschen zu bitten.

- Er ist Anlaß, fürbittend daran zu erinnern, was das Zusammenleben in unserem
  Gemeinwesen beeinträchtigt und bedrängt und was unserem Miteinander förder-
  lich ist.
- Er ist Gelegenheit, öffentlich die „Sünden unserer Zeit" zu benennen. (Wächter-
  amt der Kirche).
- Im Gottesdienst sollte die Möglichkeit für jeden und jede bestehen, zu prüfen,
  inwieweit er selbst in Widersprüchen und Untaten verstrickt ist.

2 Buß- und Bettag in der Schule

„Bedrohungen des Volkswohls" werden heute genauso unmittelbar erlebt wie
früher auch. Gerade bei Kriegsereignissen, so z.b. zur Zeit des Golfkrieges oder im
Kosovokrieg, kommt es spontan zu Fürbitt-Gottesdiensten. In solchen Gottesdien-
sten bestimmen die aktuellen Ereignisse die Inhalte. Was aber, wenn am terminlich
vorgeschriebenen Buß- und Bettag nicht unmittelbar bedrängende Nöte erfahren
werden?

Bei der Vorbereitung des Bußtag-Gottesdienstes mit Beteiligten verschiedener
Gruppen der Berufsbildenden Schulen in Osterode haben wir nach Alltäglichem,
nach immer wiederkehrenden Phänomenen gefragt, die wir in der aktuellen Schulsi-
tuation als „bedrohlich" erfahren. Was beeinträchtigt unser Leben so, daß es uns
schwer fällt, gut, vor allem in Gemeinschaft miteinander, zu leben? Nach längerer
Diskussion wurden „Streß", „Hektik" und „Leistungsdruck" genannt. Für den
Gottesdienst war uns wichtig, daß es nicht bei der verbalen Benennung dieser
Phänomene bleiben sollte, wir wollten sie elementar – am eigenen Leibe – erleben.

Unser Körper reagiert unmittelbar auf Streß und Hektik. Unser Atem wird schneller, Beklemmungen werden deutlich, wir fangen an zu hecheln und zu keuchen,
wenn wir außer Atem geraten. Nehmen wir uns Zeit, wird unser Atem ruhiger.
Unser Ein- und Ausatmen ist ein Spiegel unserer jeweiligen Befindlichkeit. In der
Art und Weise unseres Atmens zeigt sich, ob wir uns bedroht, in Hektik, erregt oder
entspannt fühlen. Im Atem drücken wir – in der Regel unbewußt – unsere Emotionen aus. Damit war das Thema für unseren Bußtags-Gottesdienst gefunden: „So wie

wir atmen, so leben wir." Atemübungen, Texte, Lieder und Aktionen zum „Luftholen" sollten im Mittelpunkt stehen.

3 Der Verlauf

- Ruhige, entspannte Klaviermusik zu Beginn.
- Einstimmung, Begrüßung.
- Hechel-Rap (Anlage 1).
- Zur Ruhe kommen; dann Atemübung (sich seines Atmens bewußt werden; Anlage 2).
- Lied: Gott gab uns Atem (EKG 432, 1-3).
- Deutung zum Luftholen (Anlage 3).
- Psalm 139 (in freier Übertragung: Anlage 4).
- Improvisation zu Psalm 139 mit Schlagzeug und Stimme.
- Fürbitte mit Kehrvers: Gott, Du bist meine Zuflucht (Anlage 5).
- Vater unser/Segen.
- Schlußlied: Hevenu Schalom alejchem (EKG Nr. 433).

4 Anlagen
Anlage 1: Hechel-RAP

(Die Strophen werden von einem Solosänger vorgetragen. Er wird von einem Schlagzeuger begleitet: 72 Schlag pro Min. Alle können den Rhythmus mitklatschen. Sie werden aufgefordert, die acht angegebenen Takte zu hecheln sowie den Refrain mitzusprechen.)

Über achtunddreißig Kleider hängen schon in meinem Schrank,
doch ich hab' nichts anzuziehen, was mir paßt, macht mich nicht schlank.
Was ich brauch' sind modern clothes, ja ich brauch den neusten Schrei.
Nur die neuste trendy Mode macht mich chic, ja macht mich frei.
Hecheln: 8 Takte.

Ref.: Ich kauf' mir dies, ich kauf' mir das, ich kauf' mir i---rgendwas!
      Am besten ist für mich, ich habe Rie---senspaß!

Täglich schau' ich mir fünf Videos, MTV und Viva an.
Ja ich brauche Bildvergnügen, täglich Aktion, täglich Fun.
Und am Sonntag geht's ins Kino, denn der allerneuste Act
ist in Superbreitwand-Farbe ein besonders heißer Fact.
Hecheln: 8 Takte

Ref.: Ich sehe dies, ich sehe das, ich sehe i---rgendwas!
Am besten ist für mich, ich habe Rie---senspaß!

Hast Du schon die neu'ste Sauce, hast Du schon dies Bier probiert?
Kennst Du schon das neue Breakfast? Kaffee wird jetzt kalt serviert.
Leute eßt und trinkt und raucht doch, macht was gegen Euren Durst.
Ich genieße täglich mehrmals Cola, Chips und Currywurst.
Hecheln: 8 Takte

Ref.: Ich esse dies, ich trinke das, ich esse i---rgendwas!
Am besten ist für mich, ich habe Rie---senspaß!

Ich brauch' dauernd mein Vergnügen, ich brauch' Disco, ich brauch' Love!
Meinst Du wirklich ich versauere in 'nem hinterwäldner Kaff?
Ich will täglich meine Party, ich will Abenteuer pur!
Ich will reich sein clever, cool sein, ich will Lust in einer Tour.
Hecheln: 8 Takte

Ref.: Ich liebe dies, ich liebe das, ich liebe i---rgendwas!
Am besten ist für mich, ich habe Rie---senspaß!

Ich will hier sein, ich will da sein, ich bin überall präsent.
Kein Ereignis ohne mich, jäh, sonst verpaßt' ich noch den Trend.
Überall dabei sein Leute, das ist Pflicht in unserer Zeit.
Stubenhocker, Langweilnasen, Mensch, die tun mir einfach leid.
Hecheln: 8 Takte

Ref.: Ich mach jetzt dies, ich mach jetzt das, ich mach jetzt i---rgendwas!
Am besten ist für mich, ich habe Rie---senspaß!

Anlage 2: Anweisungen zur Atemübung

„So ein Rap verursacht Streß. Hecheln ist eine Art des Atmens, die in Extremsituationen vorkommt. So atmen wir normalerweise nicht. Ich schlage Euch deshalb eine Atemübung vor, bei der wir ruhig werden und versuchen, unseren eigenen Rhythmus beim Atmen zu finden.

1. Wir setzen uns möglichst so hin, daß unsere Füße fest auf dem Boden stehen. Die Beine nehmen wir ein wenig auseinander. Nicht an die Stuhllehne anlehnen, so bleibt der Oberkörper frei. Wir sitzen ganz gerade. Unsere Hände legen wir auf unsere Oberschenkel. Wer sich ganz auf seinen Atem konzentrieren möchte, dem rate ich, die Augen zu schließen.
2. Zuerst versuchen wir, unseren ganz persönlichen Rhythmus beim Atmen zu finden.
3. Achtet einmal auf die kurzen Pausen zwischen Ein- und Ausatmen, sowie beim Aus- und Einatmen. Hilfreich ist es, dabei innerlich mitzusprechen: Einatmen – Pause – Ausatmen – Pause – Einatmen – Pause – usw."

Anlage 3: Ansprache/Deutung

Ohne Atmen kein Leben. Wir atmen immer, ob wir wach sind oder schlafen. Meistens machen wir uns das nicht bewußt. Atmen funktioniert automatisch. Erst bei Störungen erleben wir, wie wichtig unser Atmen ist: Dann, wenn wir nach Luft schnappen müssen, weil wir so gerannt sind. Manchen Menschen bleibt manchmal buchstäblich die Luft weg, weil sie asthmakrank sind. Wenn die Luft, die ich einatme, verpestet oder zu miefig ist, möchte ich am liebsten Nase und Mund zuhalten, um den Gestank nicht einatmen zu müssen. In solchen Augenblicken lerne ich gute, frische Luft zu schätzen. Wie gut es ist, einfach tief und ruhig durchzuatmen, merke ich, wenn ich eine bedrohliche Situation überstanden habe, oder dann, wenn ich zufrieden bin. „Ach ..." – und dabei atme ich tief durch und lasse so richtig Luft ab – „... ist das schön."

Am Anfang haben wir verschiedene Rhythmen unseres Atmens ausprobiert: Einmal das Hecheln. Das Tempo des Rap war ausgesprochen schnell. Wenn ich das auf Dauer machen müßte, wüßte ich gar nicht, wie ich das aushalten sollte. Acht Takte

Hecheln und dazu das schnelle Sprechen, das hat gereicht. Dann das ruhige Durchatmen. Bei dieser Atemübung habe ich gespürt, wie sich beim Einatmen langsam meine Lungenflügel gefüllt haben und sie sich dann in aller Ruhe wieder entleeren konnten. Es war einfach schön, in aller Ruhe aus- und einzuatmen. Für mich sind auch die Pausen beim Ein- und Ausatmen wichtig, ich spüre dann für einen kurzen Augenblick meinen Körper viel intensiver als sonst.

Beim Atmen wird mir bewußt: Ich bin darauf angewiesen, daß genug Luft da ist, daß ich mit Luft versorgt werde. Ich kann mir meine Luft nicht machen, sie irgendwo kaufen oder bestellen. Ich werde beschenkt. Die Luft, die ich einatme, kann ich auch nicht auf Dauer für mich behalten. Ich kann zwar für einen Augenblick die Luft anhalten, aber irgendwann muß ich ausatmen. Sonst – so sagt der Volksmund – platze ich. Doch das, was ich da ausatme, ist immer ein wenig von mir ganz persönlich geprägt worden. Ich habe die eingeatmete Luft in meiner Lunge gestaltet, mit Anteilen von mir versehen, bevor ich sie hergebe.

Atmen ist ein ganz spannender Prozeß: Ich atme ein. Ich werde beschenkt. Ich kann aber das Geschenkte nicht für mich behalten. Ich gebe die Luft wieder her, ich atme aus. Allerdings nicht so, wie ich sie eingeatmet habe. Ich habe ihr meine persönliche Note mitgegeben. Und: Ich teile die Luft mit anderen, mit allem, was auf der Erde lebt. Ich bin eingebunden in den großen Kreislauf der Schöpfung. Spätestens dann, wenn ich mir mein Atmen bewußt mache, weiß ich, daß solche Sätze wie: „Ich bin meines Glückes Schmied!" „Hilf Dir selbst, dann hilft Dir Gott." oder „Alles was ich bin, verdanke ich meiner eigenen Leistung" nicht stimmen. Die Luft zum Atmen kann ich mir nicht selbst machen ... und auch nicht für mich alleine behalten. Ich habe keinen Privatanspruch auf meine Luft. Atemluft gehört allen. Jetzt in diesem Augenblick teile ich sie mit meinen besten Freunden und meinen besten Freundinnen, aber auch mit denen, mit denen ich sonst gar nicht gut kann – mit Lehrern, die ich nicht mag, und mit Schülerinnen, die ich nicht ausstehen kann.

Vorhin haben wir das Lied gesungen „Gott gab uns Atem". Christen sind der Überzeugung: Das, was wir beim Atmen erfahren, gilt auch sonst. Wie wir die Luft zum Atmen gebrauchen und geschenkt bekommen, so schenkt Gott uns alles, was lebensnotwendig ist: Er schenkt uns Luft zum Atmen, unser Essen, Freunde, Gesundheit ... Er vertraut uns neben der Luft eine Vielzahl von Schöpfungsgaben an. Die gehören uns nicht. Aber wir dürfen sie gestalten und mit anderen teilen.

In dieser kurzen Beschreibung – erfahrbar beim Luftholen – wird die ganze Glaubensüberzeugung von Christen deutlich.

Noch einmal zurück zum Anfang, dem Hechel-RAP. Hecheln hat natürlich auch etwas Gutes: Frauen üben das Hecheln. Es hilft, wenn sie ein Kind zur Welt bringen. Doch meistens geraten wir ins Hecheln, wenn wir wie verrückt herumrennen, wenn wir meinen, immer beim neusten Trend mitmachen zu müssen, keine Party auslassen zu können, nichts ginge, wenn wir nicht dabei wären. Lange kann man das Hecheln nicht aushalten. Spätestens nach drei vier Minuten fange ich an zu husten. Mein Körper wehrt sich. Das Husten sagt mir: „Stopp! Halt an! Wenn Du so weiter machst, ruinierst Du Dein Leben. Versuch' anders zu atmen. Entdecke, was Dir gut tut." Und genau das ist es, was an einem Bußtag stattfinden soll: Denk' darüber nach, was falsch läuft. Wenn Du's entdeckt hast, dann ändere es. So wie wir atmen, so leben wir.

Anlage 4: Ps 139 (in freièr Übertragung)

(Die schräg gedruckten Wörter und Sätze wurden bei der Klangimprovisation zum Schlagzeugsolo gesprochen.)

Gott, Du weißt, wer ich bin, Du kennst mich.
Ob ich sitze oder stehe, Du weißt es.
Du kennst meine Gedanken – auch wenn Du weit weg bist.
Ob ich gehe oder liege, *Du bist um mich und siehst meine Wege.*
Es gibt kein Wort auf meiner Zunge, das Du nicht schon wüßtest.
Von allen Seiten umgibst Du mich und hältst Deine Hand über mir.

Dieses zu wissen, ist einfach wunderbar!
Ich kann es kaum begreifen!
Wohin ich auch gehe,
was auch immer mit mir geschieht,
ja selbst wenn ich sterbe, so weiß ich:
Du bist bei mir!

Wenn ich mich am Ende der Welt aufhielte oder mich in entfernteste Ecken verkriechen würde, so würde Deine Hand mich führen und Deine Rechte mich halten.

Wenn dunkle Gedanken mich bedrängten und Finsternis statt Tag um mich wäre, so würdest Du es hell um mich herum machen und meine traurigen Gedanken in Freude verwandeln.

Du, Gott, hast mich von Mutterleib an geschaffen.
Du gabst mir Augen, um zu sehen, Ohren, um zu hören.
Ich habe einen Mund, um zu sprechen und zu atmen.
Du gabst mir ein Herz und eine Seele.
Ich danke Dir dafür, daß Du alles so wunderbar gemacht hast.
Wunderbar sind Deine Werke, wunderbar Deine Taten.

Selbst als ich noch gar nicht geboren war, wußtest Du, wer ich bin.
Du schützt mich von Anfang an.
Du wirst bei mir sein bis an mein Ende.
Hilf mir, das zu begreifen.
Vertreibe die Gedanken des Zweifels.
Führe mich auf rechtem Weg,
Deinem Weg.
Von allen Seiten umgibst du mich und hältst Deine Hand über mir.

Anlage 5: Fürbitte

Der tägliche Kleinkram macht mich oft fertig.
So viele Dinge sind zu erledigen. Ich muß Termine einhalten.
Oft hetze ich von einem Termin zum anderen.
Manchmal habe ich den Eindruck, als würde mein Kalender
mein Leben bestimmen: Oft fühle ich mich atemlos.
Gott, Du bist meine Zuflucht.

Was mich belastet, ist der Streß mit meinen Eltern.
Dauernd nörgeln sie an mir herum:
Tu dies, tu das, wenn Du Dich nicht anstrengst,
wirst Du es zu nichts bringen ...
Ich kann diese Sätze nicht mehr hören.
Ich will meine Ruhe haben.
Gott, Du bist meine Zuflucht.

Oft habe ich Angst um meine Zukunft,
Fragen über Fragen drängen sich auf.
Wie wird das mit meinem Schulabschluß?
Werde ich einen guten Job finden?
Wird die Umwelt noch so in Ordnung sein,
daß auch meine Kinder noch gut leben können?
Die Angst nimmt mir manchmal die Luft zum Atmen.
Gott, Du bist meine Zuflucht.

Es gibt so viele tolle Dinge, die ich machen könnte.
Musik hören, Fernsehen, mit Freunden zusammen sein,
in die Disco gehen ...
Und dann sind da noch meine Hobbys.
Mir fällt es oft schwer, mich für die Dinge,
die gut für mich sind, zu entscheiden.
Gott, Du bist meine Zuflucht.

Ich weiß, daß es viel besser ist,
sich Ruhe zu gönnen und sich Zeit zu nehmen.
In Ruhe frühstücken ... in Ruhe zur Schule gehen ...
in Ruhe seine Schularbeiten machen ...
Sich Zeit nehmen für ein Gespräch ... für seine Freunde ...
Oft nehme ich mir diese Zeit nicht.
Gott, Du bist meine Zuflucht.

(Das Gebet wurde von mehreren Schülerinnen abschnittsweise gesprochen, der kursiv gesetzte Anruf von allen gesungen.)

Anke Kastenschmidt

Interreligiöses Lernen als pädagogisches Konzept – Möglichkeiten und Grenzen in der Schule[1]

1 Vorbemerkung

Wir leben in einer gesellschaftlichen Situation, die in zunehmendem Maße vom kulturellen Pluralismus geprägt wird. Diskussionen um eine Green Card für ausländische Mitbürger/innen, die doppelte Staatsbürgerschaft, Friedenseinsätze der NATO u.v.m. fordern unsere tägliche Aufmerksamkeit. Aussiedler/innen und ausländische Familien gehören mit ihren unterschiedlichen Traditionen und Religionen in unsere Gesellschaft und damit auch in unsere Schulen. Die heutige Schule ist so multikulturell wie nie zuvor und durch die Präsenz der Vertreter/innen anderer Länder in unserer Gesellschaft halten zunehmend auch weltumspannende Themen endlich Einzug in unser Denken. Damit werden wir in die Verantwortung genommen, die kulturellen, religiösen, wirtschaftlichen und politischen Hintergründe der Heimatländer unserer ausländischen Mitbürger/innen zu verstehen und zu berücksichtigen. Zu Beginn eines neuen Jahrtausends breitet sich die Vorstellung von einem Europa ohne Grenzen und einem offenen Zusammenleben mit allen Ländern aus. Daraus wächst langsam eine neue Bereitschaft, sich gedanklich auf größere Zusammenhänge einzulassen. Dorothee Sölle faßt das Anliegen in folgendem Satz zusammen: „Wir sind nicht nur für die Häuser verantwortlich, die wir gebaut haben und bewohnen, sondern auch für die, die wir nicht gebaut haben und bewohnen."[2]

Die Frage ist nun, wie Grundlagen geschaffen werden, um in der kommenden, international offenen Gesellschaft bestehen zu können. Schule ist dabei keine pädagogische Insel, sondern Mittelpunkt unseres gesellschaftlichen Lebens. Der Anteil ausländischer Schüler/innen an der Gesamtschülerschaft beträgt bundesweit ca. 9%. Doch viele Schulen sind besonders bunt. In Bochum, Hamburg, Hannover und anderswo, besonders aber in den Hauptschulen und in den Schulen für Lernhilfe

[1] Der Beitrag ist aus einer Examensarbeit für das Lehramt an Sonderschulen entstanden, ist aber in seinem pädagogischen Ansatz darüber hinaus relevant.

[2] Dorothee Sölle: Gott denken. Einführung in die Theologie, München 1997, S. 77.

liegt der Anteil ausländischer Schüler/innen teilweise bei über 40%.[3] Eine religionspädagogische Richtung, die auf die Herausforderungen der multikulturellen Gesellschaft reagiert, ist das Interreligiöse Lernen. „Interreligiöses Lernen ist Lernen aus Betroffenheit, ein Lernen in der Begegnung, ein Lernen durch den gelebten Dialog."[4] Interreligiöses Lernen ist ein wichtiger Bestandteil innerhalb des breiten Angebots interkulturellen Lernens, welches als Voraussetzung für das Zusammenleben in einer international offenen Gesellschaft verstanden wird. Dabei versteht sich Interreligiöses Lernen nicht als Lerninhalt, sondern als Lernprinzip.

Im folgenden möchte ich einige Überlegungen zu den Möglichkeiten und Grenzen interreligiösen Lernens vor dem eben beschriebenen Kontext anstellen. Dabei habe ich als angehende Sonderpädagogin die Schule für Lernhilfe besonders ins Blickfeld genommen, was aber eine Übertragbarkeit auf andere Schulen nicht ausschließen soll. Als sehr beachtenswert habe ich bei meinen Überlegungen das Buch „Zeugnisse fremder Religionen im Unterricht" von Karlo Meyer empfunden.[5] Den folgenden Beitrag verstehe ich als eine Art Diskussionsgrundlage, denn er entbehrt im Moment noch des konkreten praktischen Ausprobierens. Doch als Anwärterin beginnt nun die Zeit der Praxis und so möchte ich an dieser Stelle bereits auf einen der nächsten Bände von „Werkstatt Religionspädagogik" verweisen!

2 Möglichkeiten und Grenzen interreligiösen Lernen
2.1 Vorbemerkung

In der Regel werden fremde religiöse Traditionen im Rahmen des christlichen Religionsunterrichts innerhalb einer Einheit von christlichen Lehrer/innen unterrichtet. „Gegenstände"[6] aus fremden, religiösen Traditionen werden dabei in den Kontext der deutschen Schule getragen, die von einem wissenschaftlich – aufgeklär-

---

[3] Marieluise Beck: Perspektiven einer Integrationspolitik. In: Ökumenischer Vorbereitungsausschuß zur Woche der ausländischen Mitbürger (Hg.): Verschiedene Menschen, gleiche Würde, Frankfurt/M. 1999, S. 21ff.
[4] Stephan Leimgruber: Interreligiöses Lernen, München 1995, S. 13.
[5] Karlo Meyer: Zeugnisse fremder Religionen im Unterricht, Neukirchen 1999.
[6] Als „Gegenstand" wird in Anlehnung an Karlo Meyer im folgenden alles bezeichnet, was als Zeuge für eine fremde Kultur oder Religion steht, Unterrichtsgegenstand sein kann und zum Unterrichtsinhalt beiträgt: religiöse Symbole (z.B. das Om-Zeichen), Mythen, Statuen (z.B. der tanzende Shiva), Musikstücke, Geschichten, Erfahrungen u.a.m.

tem Denken geprägt ist. Schulische Verstehenskultur geht in der Regel davon aus, daß Unterrichtsstoffe begreifbar, vergleichbar und diskutierbar sind. Sie lassen sich in einem geschichtlichen und systematischen Zusammenhang verstehen, möglicherweise aus bekanntem Vorwissen deduzieren und nach bestimmten Normen beurteilen und prüfen.[7] Dabei zählt nicht nur die Aneignung der Stoffe, sondern auch die Aneignung der Verstehenskultur zur Bildung der Schüler/innen. Mit diesem engen schulischen Kontext hat der moderne (Religions-)Unterricht nicht selten seine Schwierigkeiten. „Gegenstände" aus fremden aber auch aus den eigenen religiösen Traditionen passen in dieses System nicht ohne weiteres hinein. Sie können gegenüber den fachlichen und schulischen Vorgaben ein Fremdkörper sein. Fremdkörper, weil sie eine Art des Verstehens mitbringen, die zu der Art des Verstehens in unserem Kulturkreis und mehr noch zu unseren engen schulischen Lernkonzepten in Spannung stehen, weil sie als Zeugnisse von einem Glauben auf religiösen Erfahrungen basieren und weil sie im profanen Raum Schule von einer Heiligkeit zeugen können, die dort eher fremd ist.

Im folgenden Kapitel möchte ich einige Überlegungen dazu anstellen, wie kulturell Fremdes und religiös Erlebtes überhaupt zu verstehen ist, wo hierbei die Möglichkeiten und wo die Grenzen liegen. Diese Überlegungen müssen bei der Erarbeitung eines Konzeptes für interreligiöses Lernen berücksichtigt werden und stehen so als Vorüberlegungen mit dem folgenden Kapitel in direktem Zusammenhang.

2.2 Zu den Möglichkeiten und Grenzen, kulturell Fremdes verstehen zu lernen

Zum Verstehenlernen fremder Kulturen gehört immer die Interpretation aus den eigenen Möglichkeiten heraus. Jedes Verstehen anderer Kulturen ist in besonderer Weise interpretativer Natur. „Das Fremde in seinen anderen Formen, seiner anderen Sprache und seinen anderen Denkrichtungen wird wahrgenommen und muß doch immer in Anknüpfung an das Eigene interpretiert werden."[8] Jedes Fremde muß in der eigenen Sprache gefaßt werden und wird dadurch interpretiert. Die Vorstellung eines fremden Mythos in den eigenen Bildern ist Interpretation. Dabei ist zu berücksichtigen, daß die Formen des Denkens selbst auch kulturell geprägt sind. Im

---

[7] Vgl. K. Meyer, a.a.O., S. 264.
[8] K. Meyer, a.a.O., S. 277.

christlichen Kontext hat jedes Handeln seine Konsequenzen in diesem Leben und auch im Leben nach dem Tod, während in der Kultur des Hinduismus jedes Handeln und Nicht-Handeln immer auch eine Konsequenz für das Karma hat, das die Form der Wiedergeburt in einem nächsten Leben bestimmt.

Je mehr wir am Anfang des Verstehens fremder Kulturen stehen, desto mehr sind wir darauf angewiesen, Anknüpfungspunkte in unseren eigenen Bezügen zu finden. Weiß man bereits mehr über eine fremde Kultur, kann man auf dieses Wissen beim Verstehen eines neuen „Gegenstandes" zurückgreifen. Kulturell Fremdes verstehen lernen kann nicht global passieren. Es muß an einem einzelnen, konkreten Punkt beginnen, mit dem die Lernenden sich intensiv befassen und von wo sie ihren Horizont erweitern können.

Bereits dem tieferen Verstehen der eigenen religiösen Kultur sind in der Schule Grenzen gesetzt, um so mehr kulturell Fremdem. Indem man sich einer fremden Kultur schrittweise annähert und sie nach und nach verstehen lernt, muß auch bereits Verstandenes korrekturfähig bleiben. Es darf nicht suggeriert werden, daß der „Gegenstand" durch die Vorgehensweise im Unterricht immer hinreichend erfaßt wird. Problematisch ist auch, wenn mangels einer möglichen Klärung der Fremdheit der „Gegenstand" Teil des westlichen Geistes wird. Dafür soll folgende Redeweise als Beispiel dienen: „Das indische Pongal-Fest ist wie bei uns das Erntedankfest!"

Verstehen ist immer bedingt durch unsere eigenen kulturellen Erfahrungen. Durch das Anpassen eines fremden „Gegenstandes" an unsere Denkweise ist dieser nicht mehr wahrer Zeuge seiner Kultur. M. E. sollte großer Wert auf eine Sensibilisierung gelegt werden, die der Fremdheit der „Gegenstände" und damit auch den fremden Kulturen ihr Recht gibt.[9] Das kulturell Fremde kann sich zwar nach und nach erschließen, doch kann die Komplexität von kulturellen Assoziationen und Bezügen sicher nicht in einer Unterrichtseinheit innerhalb der Schule vermittelt werden. Einiges wird sich uns vielleicht auch nie erschließen und bevor wir das Fremde auf unser kulturelles Denkvermögen zurecht kürzen, sollte Fremdes besser Fremdes bleiben – aus Respekt vor der fremden Kultur.

---

[9] Vgl. K. Meyer, a.a.O., S. 266.

2.3 Zu den Möglichkeiten und Grenzen, religiöses Denken und Erleben von Menschen aus anderen Traditionen verstehen zu lernen

Religiöses Denken und Erleben von Menschen aus anderen Traditionen verstehen zu lernen, ist vom kulturellen Verstehen noch einmal zu unterscheiden. Religiöse Zeugnisse stammen aus einem spezifischen kulturellen Zusammenhang. Sie haben sich im Austausch mit ganz bestimmten kulturellen Gegebenheiten entwickelt. Die mit ihnen verbundenen Fragen, Antworten, Hoffnungen und Weisheiten sind oft weit entfernt von der westlichen (schulischen) Denkkultur.

Religiöse „Gegenstände" sind Zeugnisse von, aber auch für einen Glauben. Im Zusammenhang mit ihrer Tradition erschließen sie Glauben und die Erfahrung von religiösem, heiligem Erleben. Diese Zeugnisse bringen ein bestimmtes Verhältnis zu Welt, Gott und Transzendenz mit sich, das nicht in Lehrsätzen, sondern im gemeinsamen (Er)Leben vermittelt wird. Auf diesem Weg bringen sie den Glauben näher, vertiefen oder klären ihn. Der Umgang der Gläubigen mit religiösen Praktiken hat dabei einen ganzheitlichen Charakter, der durch kognitives Einordnen nur unzulänglich erfaßt wird. Im Unterricht stehen diese religiösen Zeugnisse und „Gegenstände" außerhalb des Zusammenhangs ihrer religiösen Überlieferung. Außerdem haben religiöse Zeugnisse ihren spezifischen Ort charakteristischerweise in einem heiligen Raum, der vom Profanen abgegrenzt wird. Möglicherweise sind die „Gegenstände" selbst heilig (Statuen vom Gott Ganescha werden in Indien mit Blumen und Speiseopfern verehrt) und für die Gläubigen kann sich mit ihnen „numinoses Erleben verbinden, in oder durch sie ist göttliche Macht, transzendente Wirklichkeit präsentiert"[10].

Einen angemessenen Ort und Rahmen für eine solche Heiligkeit hat der deutsche Unterricht in der Regel nicht zu bieten. Die Divergenz zwischen „Gegenstand" und schulischem Unterricht kann nicht einfach übergangen werden. Es muß akzeptiert werden, daß sich fremde religiöse Zeugnisse und „Gegenstände", die mit ihrem Hintergrund von dem religiösen Denken und Erleben von Menschen in anderen Religionen zeugen, nur unvollständig erfaßt werden können und nicht einfach unter die „Stoffe" eingereiht werden dürfen, die durch das wissenschaftlich aufgeklärte Denken der deutschen Schule zu verstehen sind.

---

[10] Vgl. K. Meyer, a.a.O., S. 265.

Der Religionsunterricht hat die Möglichkeit, einen eigenen Weg zu nehmen, um den Gegenstand des Unterrichts von verschiedenen Seiten anzugehen und an ihn heranzuführen. Seine Aufgabe ist es nicht, z.B. im Sinn des Hinduismus zu unterrichten oder in seinen Glauben einzuführen. Vielmehr soll im Unterricht von den eigenen Voraussetzungen ausgehend ein Sinn für das fremde religiöse Zeugnis[11] vermittelt werden. Dabei soll auch hier Fremdes Fremdes bleiben dürfen.

2.4 Exkurs: Eigene Erfahrungen aus Indien

Im Herbst 1998 hatte ich das Glück, für einige Monate in Indien leben und arbeiten zu dürfen. In Madras, der größten Metropole im Süden des Landes, habe ich fünf Monate eng mit Inder/innen verbracht. Ich habe versucht, in ihre Kultur „einzusteigen", das Fremde, das mich umgab, verstehen zu lernen. Leider konnte ich ihre Sprache Tamil nicht verstehen und so ist mir viel von der indischen Kultur verborgen geblieben. Doch diesen Nachteil habe ich wieder auszugleichen versucht: Ich habe Sarees (das traditionelle Kleidungsstück der indischen Frauen) getragen, indisch gekocht und gegessen, an allen Festtagen teilgenommen, religiöse Rituale gelernt und beachtet, versucht das tägliche Leben meiner indischen Freund/innen eng zu teilen und einen Sinn für das Fremde zu entwickeln. Dennoch ist mir vieles fremd geblieben. Meine Sympathie für die Kultur, mein Interesse an den Menschen und ihrer Lebensart hat nicht ausgereicht, um insbesondere die Bedeutung von religiösen Gedanken und Ritualen nachzuvollziehen, die in einem Land wie Indien, wo Kultur und Religion sehr eng verbunden sind, das tägliche Leben grundlegend mitbestimmen. Im folgenden möchte ich ein Erlebnis von einer Hauseinweihung schildern, das beispielgebend für meine Erfahrungen in einer fremden Kultur ist.[12]

In Madras habe ich in einer Schule gewohnt, die gerade neu renoviert und bezogen wurde. Es ist in Indien üblich, ein neues Haus zu segnen, die Götter um Unterstützung für das Leben, das in diesem Haus stattfinden soll, zu bitten. So sollte es auch für die Schule sein, in die ich eingezogen war. Zu dieser Segenshandlung war ich eingeladen mit der Bitte, geduscht und sauber zu kommen. Der Termin war auf einen Wochentag morgens um fünf gelegt, da die Priester sonst keine Zeit hatten und später am Tag alle wieder arbeiten mußten.

---

[11] Vgl. K. Meyer, a.a.O., S. 284.
[12] Foto S. 184.

Kurz vor fünf kamen dann zwei Priester mit einem weißen Rock und langen Perlenketten bekleidet auf einem Mofa vorgefahren. Sie hatten weiße Zeichen auf die Stirn gemalt und trugen schwer an einem riesigen Sack. Ohne Begrüßung gingen sie in einen der Unterrichtsräume und begannen mit der Arbeit. Eine Feuerstelle aus Sand, Kuhdung, Steinen und Holz wurde in der Mitte des Raumes aufgebaut. Daneben entstand auf einer alten Tüte als Unterlage eine Art Altar mit den traditionellen Leuchtern, Blumen, als Menschen verkleideten Kokosnüssen, besonderen Schalen mit Wasser und Speisen sowie einer Glocke. Während des Aufbaus rannten alle aufgeregt durcheinander und brachten noch vergessene Dinge zu den Priestern, die mit einem abschätzenden Blick beurteilten, was noch auf den Altar oder die Feuerstelle darf oder nicht. Die Frauen waren in ihre besten Seidensarees gekleidet. Ich wurde permanent aufgefordert, das Ereignis fotografisch festzuhalten. Irgendwann läutete ein Priester die Glocke, begann mit seinem Gesang und entzündete das Feuer. In den folgenden zweieinhalb Stunden wechselten die Priester sich ohne Pause in ihrem Gesang ab und warfen Obst, Geld, ein kleines Stück Gold, ein Stück von einem Seidensaree, Wasser, reichliche Portionen eines Reisgerichts (Pongal) und Blumen in einer für sie eindeutigen Abfolge ins Feuer. Die Lehrerinnen assistierten ihnen dabei. Obwohl auch sie den Gesang, der auf Sanskrit war, nicht verstehen konnten, wußten sie genau, an welcher Stelle was ins Feuer geworfen werden mußte. Bereits nach wenigen Minuten war durch die gewaltige Rauchentwicklung kaum noch etwas zu sehen und der beißende Rauch trieb allen die Tränen in die Augen. Zum Schluß verspritzte ein Priester noch besonderes Wasser in allen Räumen, bevor sie dann ihr Honorar kassierten und gegen neun Uhr morgens wieder in den Tempel fuhren.

Ich war hin und her gerissen zwischen der Faszination der Gesänge und Handlungen und ihrer großen Bedeutung für die Inder/innen, von dem Rahmen und der Atmosphäre und meinem (westlichen) Denken des Verstehenwollens. („Was machen die da? Wieso höre ich so oft meinen Namen in den Gesängen der Priester? Dieser Rauch ist doch Wahnsinn, wir stehen alle kurz vor einer Vergiftung, wozu soll das gut sein?!") Obwohl ich viele Elemente dieser Haussegnung erklärt bekommen habe, teilweise eine Übersetzung für die Gesänge von einem befreundeten Professor bekam und unmittelbar an den religiösen Handlungen beteiligt war, konnte ich vieles davon nicht verstehen. Meine westliche Sozialisation stand mir dabei im Weg. Sicherlich kann ich die Abfolge der Rituale, den geschichtlichen Hintergrund und vielleicht sogar Sanskrit, die Sprache der religiösen Gesänge, lernen. Doch all das gehört zu der Außensicht des Ereignisses. Die göttliche Macht, die transzendente Wirklichkeit sowie die Heiligkeit der Handlungen und des Augenblicks, die diese Haussegnung für die Inder/innen beinhaltet, kann ich nicht erfassen. Damit bleibt mir ein wesentlicher Teil ihrer Religiösität zunächst einmal fremd. Dieses Fremde muß mich aber nicht darin hindern, einen Sinn für das religiös Fremde zu entwickeln. Ich kann nachvollziehen, wann etwas von besonderer Wichtigkeit ist und ein Gespür dafür entwickeln, welche Orte, Gestalten und Rituale eine besondere Bedeutung haben. Mit diesem Sinn für das religiös Fremde kann ich mich vor meinem Verstehenshintergrund Schritt für Schritt einer anderen Religion annähern.

2.5 Möglichkeiten und Grenzen des Verstehens anderer religiöser Traditionen in der Schule

Die in den vorangegangen Punkten beschriebene Divergenz zwischen der westlichen Verstehenskultur in der Schule sowie dem religiösen Denken und Erleben in anderen Traditionen muß bei der Erstellung eines Unterrichtskonzeptes berücksichtigt werden. Es muß überlegt werden, wie mit dieser Divergenz umgegangen werden kann.

Eine Möglichkeit ist nun, einfach diese religiösen Zeugnisse zum Unterrichtsstoff zu erklären und einer eng kognitiven Didaktik unterzuordnen. Der religiöse Unterrichtsstoff wird im Sinne einer sachlichen Religionskunde behandelt. Problematisch ist jedoch, daß der unterrichtliche „Gegenstand" in ein anderes Bezugssystem gebracht wird und ihm so sein Wert, Zeuge einer fremden Tradition zu sein, genommen wird. Es wird den Schüler/innen der Eindruck vermittelt, daß das religiös fremde Zeugnis hinreichend zu erfassen ist. Das ist indes nicht einmal bei Zeugnissen aus der eigenen religiösen Tradition auf diese Weise möglich.

Will man aber einen Sinn für das religiös Fremde anbahnen, muß m.E. deutlich werden, daß bei dieser Vorgehensweise das Grundlegende einer fremden religiösen Tradition, die religiöse Dimension, noch nicht erfaßt ist und es sich lediglich um eine Außensicht handelt. Daher hat Christoph Bizer treffend formuliert: „Zu haben ist Religion nur im Modus der Gegenwärtigkeit, im Kontakt mit expliziten religiösen Vollzügen. Wenn Religion, dann auch in der zeitgenössischen Schule, unterrichtlich, im Prinzip, in der Ausübung von Religion."[13] Wissenschaftliche Kategorien und Vergleiche verfehlen die religiöse Wirklichkeit der Gläubigen. Nun stellt sich die Frage, ob das, was religiöse Traditionen im Kern ausmacht, im Rahmen der Möglichkeiten der Schule überhaupt lehr- und lernbar ist.

Interreligiöses Lernen stellt den Raum zur Verfügung, Beziehungen zwischen Angehörigen verschiedener Traditionen herzustellen. Für den konfessionellen Religionsunterricht in Deutschland ist die eigentliche Einübung fremder religiöser Traditionen nicht möglich. M.E. gibt es dennoch Möglichkeiten innerhalb der Schule, religiös fremden Traditionen näher zu kommen. Der Unterricht muß und darf nicht auf eine religionskundliche Einheit allein auf der Sachebene reduziert werden. Die Möglichkeit zu einer pädagogischen Berücksichtigung dieser Überlegungen sehe ich in einer Unterrichtskonzeption, die den Standpunkt der Außenperspektive von Schüler/innen und Lehrer/innen aufnimmt und dennoch ihre Position in einzelnen Punkten mit dem fremden Bezugssystem in Beziehung setzt und so zu einer inneren Auseinandersetzung herausfordert. Dabei werden Grenzen bewußt gemacht (und dürfen auch so stehen bleiben), zugleich können aber Schüler/innen und Lehrer/innen einer für sie fremden Welt begegnen. „Sich persönlich auf eine Auseinandersetzung, ein Gespräch im weitesten Sinne (nicht nur verbal) einzulassen, geht aber weiter als eine rein sachliche Außensicht und kann von den Anhängern der jeweiligen Tradition als angemessenes Eingehen auf die Fragen, Sichtweisen und Bilder ihrer Tradition verstanden werden: Es wird wahrgenommen, daß dieses Zeugnis als Zeuge auch außerhalb der Tradition kommunikabel ist."[14]

Der fremde „Gegenstand" soll zu einer persönlichen Beschäftigung mit der fremden Welt des Denkens anregen, die über die sachlich-logische Ebene von Stoffvermittlung hinaus geht, ohne daß bestehende Grenzen ignoriert werden. Fremde Bilder, Situationen, Fragen und Probleme können Menschen jenseits der kulturellen und religiösen Grenzen berühren. Auch im Profanen der Schule kann Raum sein, um sich auf Fremdes einzulassen und sich damit auseinanderzusetzen. Dabei treten die Schüler/innen mit ihren eigenen Fragen ins Gespräch zwischen den Religionen.

In der Schule für Lernhilfe ist die fremde Welt anderer Traditionen vielleicht ein Stück näher, als in anderen Schulen. Durch den erhöhten Anteil ausländischer

[13] Christoph Bizer: Das Wort Gottes und der Unterricht. Evang. Erzieher (46) 1994, S. 395f.
[14] Vgl. K. Meyer, a.a.O., S. 272.

Schüler/innen werden täglich kulturell andere Denk- und Erlebensweisen in die Schule getragen. In vielen Fällen kann auf Expert/innen einer fremden Tradition zurückgegriffen werden, eben auf Schüler/innen, die ihr angehören.

2.6 Résumé

Es ist aufgezeigt worden, daß trotz der vorhandenen Grenzen ein interreligiöser Dialog innerhalb der Schule möglich ist. Dabei muß allerdings die Balance zwischen der Bewahrung des Fremden und der Vermittlung eines Sinns für das religiös Fremde gefunden werden, ohne die fremde Tradition in westlichem Denken aufzulösen.

Im folgenden Kapitel soll vor dem Hintergrund dieser Überlegungen ein konkretes pädagogisches Konzept vorgeschlagen werden, dessen Inhalt die Förderung des interreligiösen Dialogs in der Schule (für Lernhilfe) ist.

3 Interreligiöses Lernen als pädagogisches Konzept
3.1 Vorbemerkung: Was ist ein Konzept?

Ein Unterrichtskonzept ist ein Entwurf oder auch ein Plan, in dem zunächst stichwortartig dargestellt ist, welche Unterrichtsinhalte sich in dem Konzept zusammenfassen lassen und was die Schüler/innen (und Lehrer/innen) lernen sollen. Dann muß überlegt werden, warum die Inhalte von Bedeutung für die Schüler/innen sind und wie die einzelnen Unterrichtsinhalte methodisch bearbeitet werden können.

In diesem Kapitel soll nun in dieser Reihenfolge vorgegangen werden. Dabei möchte ich darauf hinweisen, daß die konkreten Inhalte dieses Unterrichtskonzeptes von Lerngruppe zu Lerngruppe eine andere Gewichtung bekommen können, da ihre Bedeutung nicht nur allgemein, sondern auch individuell für die Schüler/innen bedacht werden muß und jede Lerngruppe andere Voraussetzungen mitbringt. Weiterhin soll dieses Konzept vorrangig für die Schüler/innen der Schule für Lernhilfe sein. Von ihren allgemeinen Voraussetzungen soll ausgegangen werden. Dennoch ist auch hier im konkreten immer die jeweils spezifische Lerngruppe zu beachten.[15]

---

[15] Ich möchte bereits an dieser Stelle auf den letzten Abschnitt 3.4 (zur Frage der Übertragbarkeit des Konzeptes in andere Schulformen) aufmerksam machen.

3.2 Welche Unterrichtsinhalte gehören zum Konzept des Interreligiösen Lernens?

Interreligiöses Lernen ist Lernen von fremden Religionen bei gleichzeitiger Auseinandersetzung mit der eigenen Religion. Dabei lernen die beteiligten Menschen gegenseitig voneinander.

Die Unterrichtsinhalte, die interreligiöses Lernen ausmachen, müssen gleichberechtigt sowohl aus der Religion des Christentums als auch aus anderen Religionen kommen und miteinander in Beziehung gesetzt werden. Dabei möchte ich mich hier auf einige Beispiele aus den Weltreligionen beschränken, da alles weitere deutlich den Rahmen überschreiten würde. Die aufgeführten Punkte sollen die zentralen Inhalte darstellen und sind jederzeit erweiterbar. Im Zentrum der Auseinandersetzung mit religiösen Traditionen sollten immer die aktuellen Lebensfragen der Schüler/innen stehen. Die zentralen Inhalte sollten die Schüler/innen durch die gesamte Schulzeit begleiten, da in unterschiedlichen Altersstufen unterschiedliche Schwerpunkte von Bedeutung sein können.

Judentum
- Zugang zu Tora und religiöser Praxis (z.B. Gebetspraxis. Festtage) an ausgewählten Beispielen.
- Jüdische Geschichte (Tod, Verfolgung, Leiden).
- Besonderheit des christlich – jüdischen Verhältnisses.
- Kritischer Umgang mit den vielerorts noch vorhandenen antijüdischen Stereotypen.

Islam
- Zugang zum Leben des Mohammed, zur Lehre (Koran) und zur religiösen Praxis (z.B. Gebetspraxis, Festtage) an ausgewählten Beispielen.
- Alltägliche Verhaltensweisen.
- Leben muslimischer Familien in Deutschland (mit den Mißverständnissen und Schwierigkeiten, denen sie oft ausgesetzt sind).

Hinduismus
- Zugang zum Begriff des „Hinduismus" und Überblick über seine Hauptquellen (Veden, Upaishaden, Bhagavad Gita).
- Erster Einstieg in das komplexe System der hinduistischen Gläubigkeit an ausgewählten Beispielen.
- Faszination östlicher Kulturen im Westen (z.b. spirituelle Werte, Meditation, Yoga).

Buddhismus
- Zugang zu Leben und Lehre (vier edle Wahrheiten, achtgliedriger Pfad) des Siddharta Gautama (Buddha).
- Erste Annäherung an buddhistisches Denken (und Handeln) an ausgewählten Beispielen.
- Existentielle Fragen des Buddhismus in der westlichen Welt.

Christentum
- Zugang zum Leben und Auferstehen Jesu Christi, zur Bibel, insbesondere Neues Testament, und zur religiösen Praxis an ausgewählten Beispielen.
- Geschichte des Christentum.
- Säkularisierung des Christentums .

Die Religionen haben eine lange Geschichte von Konflikten. Darum sind Vorurteile oft bereits vorhanden, wenn das Lernen zwischen den Religionen beginnen soll. Diese Vorurteile setzen sich dort fest, wo das Gegenüber fehlt und seine Kultur sowie seine Religion unbekannt sind. Negative Vormeinungen gilt es durch konkretes Kennenlernen, Verstehen und Miteinanderleben zu überwinden; gleichzeitig können sie durch Kenntnisse abgebaut werden. Diese Lernprozesse erfordern ein gewisses Maß an sozialer Kompetenz, die m.E. ebenfalls zu den Unterrichtsinhalten interreligiösen Lernens zählt und als Voraussetzung für den offenen gleichberechtigten Dialog immer wieder thematisiert bzw. geübt werden sollte.

Soziale Kompetenzen
- Mitmenschen respektieren.
- Zuhören lernen.
- Eigene Standpunkte entwickeln und in angemessener Weise vertreten (dabei das Gegenüber in seinen Standpunkten akzeptieren).
- Konflikte gewaltfrei lösen.
- Die Gemeinschaft zwischen Menschen schätzen lernen und fördern.

Diese sozialen Kompetenzen lassen sich unter dem Stichpunkt „Verantwortliches Handeln mit sich selbst und seiner Umwelt" zusammenfassen.

3.3 Didaktische Analyse
3.3.1 Was sollen die Schüler/innen lernen?

Ausgehend von den Gedanken zur Notwendigkeit interreligiösen Lernens in der Schule für Lernhilfe sollen jetzt Ziele interreligiösen Lernens aufgeführt werden:

– Erkennen gemeinsamer Werte, die für alle verbindlich sind .
– Förderung gegenseitigen Verstehens.
– Anerkennung der kulturellen und religiösen Grenzen.
– Erziehung zur Toleranz und damit zu einem friedlichen, gleichberechtigten und verantwortungsbewußten Zusammenleben.
– Anerkennung der unterschiedlichen kulturellen Vertreter/innen als gleichberechtigter Mitglieder der Klassengemeinschaft.
– Im offenen Dialog existentielle Fragen diskutieren und Antworten nach dem Sinn und der Deutung des Lebens suchen.

Die Schüler/innen sollen ihren Standpunkt im Leben finden. Sie sollen sich mit den Wurzeln und den aktuellen Bezügen fremder Religionen vertraut machen und die Auseinandersetzung mit ihnen suchen. Vor diesem Hintergrund sollen sie sich mit gemeinsamen Werten, existentiellen Fragen und den Anforderungen der multikulturellen Gesellschaft befassen. Sie sollen sich persönlich einbeziehen lassen in das für sie religiös und kulturell Fremde und einen Sinn für das Fremde entwickeln, der über den kognitiven Zugang hinausweist.

Dabei ist zu beachten, daß das Lernen der Schüler/innen nur bedingt planbar ist, da es sich um einen „innerpsychische Prozeß"[16] handelt, der nur von außen angeregt und unterstützt werden kann, aber nicht wirklich kontrollierbar ist. Erst recht, wenn die Unterrichtsziele den kognitiven Rahmen überschreiten, sind sie wenig steuerbar. Es muß also damit gerechnet werden, daß verschiedene Schüler/innen bei den gleichen Rahmenbedingungen jeweils einen anderen Lernprozeß haben und Unter-

---

[16] Hans Eberwein (Hg.): Handbuch Lernen und Lern-Behinderungen, Weinheim/Basel 1996, S. 14.

schiedliches lernen. Die oben aufgeführten Ziele, die ein Konzept für interreligiöses Lernen beinhalten, können also in unterschiedlichster Reihenfolge und Wichtigkeit möglichst differenziert für die einzelnen Schüler/innen verfolgt werden.

3.3.2 Warum sollen die Unterrichtsinhalte von den Schüler/innen bearbeitet werden?

Bei den ausgewählten Unterrichtsinhalten muß der Blick auf den Gegenwarts- und Zukunftsbezug für die Schüler/innen gerichtet werden. Als konkrete Beispiele möchte ich die Frage nach dem Gegenwarts- und Zukunftsbezug an zwei Unterrichtsinhalten ausführen.

Beispiel 1: Leben muslimischer Familien in Deutschland (mit den Mißverständnissen und Schwierigkeiten, denen sie oft ausgesetzt sind).

Der Anteil muslimischer Mitbürger/innen im Vergleich zu anderen ausländischen Mitbürger/innen ist in Deutschland sehr hoch. Über 2 Millionen Muslime leben mit uns. In der Schule für Lernhilfe ist ein erhöhter Anteil ausländischer Schüler/innen und damit auch muslimischer Schüler/innen. Sie tragen ihre Tradition, ihre Denkweise, aber auch ihre Schwierigkeiten und Probleme täglich in die Schule. Viele von ihnen sind aufgrund ihrer Schwierigkeiten im sprachlichen Bereich und aufgrund der psychischen Belastung durch das Leben in zwei Welten sowie durch ihre schlechten Lernleistungen in der Grundschule aufgefallen und so auf die Schule für Lernhilfe gekommen. Oft ist die Zukunftssituation der Schüler/innen ungeklärt. Die Mädchen müssen damit rechnen, in der Heimat verheiratet zu werden und die deutschen Kontakte aufgeben zu müssen. Sowohl Mädchen als auch Jungen haben eine schlechte Zukunftsperspektive. Ihre Deutschkenntnisse reichen oft nicht aus, um einen Ausbildungsplatz zu finden. Über 65% der muslimischen Hauptschulabsolventen finden keinen Ausbildungsplatz und gelten beim Arbeitsamt als nicht vermittelbar.[17] Dieses dürfte bei Absolventen der Schule für Lernhilfe ähnlich sein. Zukunftsängste prägen den Alltag. Dazu kommen noch die Schwierigkeiten, die sich durch das Leben in zwei Kulturen ergeben. Die traditionelle Lebensweise (oft noch die der Eltern und Familie) steht der Lebensweise in Deutschland gegenüber.

---

[17] PHÖNIX, 24.6.1999.

Der Unterrichtsinhalt ist demnach ein täglicher Brennpunkt im Leben vieler muslimischer Schüler/innen. Die Frage danach, wie sie in Deutschland mit ihren Familien leben angesichts der Schwierigkeiten und Mißverständnisse, denen sie ausgesetzt sind, schafft gegenseitiges Verständnis und kann vielleicht einige Wege zur Bewältigung ihrer Schwierigkeiten aufzeigen (z.b. Deutschnachhilfe von Schüler/innen für Schüler/innen). Demnach steht der Unterrichtsinhalt in direktem Bezug zur Lebenswelt der Schüler/innen und ist bedeutend für ihr zukünftiges Zusammenleben.

Beispiel 2: Erste Annäherung an buddhistisches Denken (und Handeln) am Beispiel der Besitzlosigkeit

Nach der gültigen buddhistischen Lehre entsteht alles Leiden durch die Begierde nach Lust und Besitz. Ziel des Buddhisten muß es sein, diese Gier zu überwinden. Nur auf diese Weise wird sie nicht in einem anderen Körper wiedergeboren. Die Besitzlosigkeit, das Sich-Freimachen von dem Bedürfnis, etwas besitzen zu müssen, und die einhergehende Konzentration auf wesentlichere Dinge ist ein zentraler Punkt der gültigen buddhistischen Lehre. Die Beschäftigung damit führt die Schüler/innen an das buddhistische Denken heran. Sie haben die Möglichkeit, über ein konkretes Beispiel (Besitzlosigkeit) etwas über die Lehre des Buddhismus zu erfahren. Der Unterricht bekommt einen Realitätsbezug und findet nicht auf der abstrakten Ebene statt.

Nun stellt sich die Frage, welchen Gegenwarts- und Zukunftsbezug das Thema der Besitzlosigkeit für die Schüler/innen der Schule für Lernhilfe hat. Zumindest bekommt das Thema „Besitz" in der heutigen westlichen Gesellschaft immer mehr Bedeutung. „Hast du was, dann bist du was." Jungendgangs überfallen Gleichaltrige, um ihre Markensachen zu klauen. In einige Cliquen darf nur hinein, wer die richtigen Anziehsachen hat. Elektronisches Spielzeug gehört zur Ausstattung eines jeden Zehnjährigen. In neuester Zeit muß jeder, der etwas auf sich hält, ein Handy besitzen. Die Schüler/innen der Schule für Lernhilfe unterscheiden sich hier wenig von Gleichaltrigen. Dennoch ist zu beobachten, daß die Unterschiede im materiellen Besitz der Schüler/innen immer größer werden. Einige haben fast alles, während andere nicht mithalten können und dadurch schnell zu Außenseitern werden. Materielle Leistungen gelten als Wertschätzung, innere Werte zählen wenig. Dabei spiegeln die Schüler/innen das Bild unserer Leistungsgesellschaft wieder. Die Schüler/innen der Schule für Lernhilfe gehören häufig Familien an, die wenig Geld zur Verfügung haben und der Wunsch nach „Besitz" läßt sie nicht selten kriminell werden.

Diese Entwicklung vor Augen erscheint es mir geradezu ein „Muß", die „Besitzlosigkeit" einer anderen religiösen Tradition zu thematisieren. Der Buddhismus soll als Äquivalent zu unserer westlichen Gesellschaft erfahren werden. Die Schüler/innen sollen sich mit der Problematik des „Besitzenwollens" auseinandersetzen, den Unterschied zwischen materiellem und immateriellem Besitz erkennen und die inneren Werte schätzen lernen.

Damit ist auch dieser Unterrichtsinhalt von Bedeutung für die gegenwärtige und zukünftige Lebensgestaltung der Schüler/innen in der Schule für Lernhilfe.

3.4 Methodische Überlegungen zur Umsetzung der Unterrichtsinhalte in der Schule für Lernhilfe

Es ist die Aufgabe des interreligiösen Lernens, den Weg von dem eher kognitiven Zugang zu Unterrichtsinhalten, der in der Schule vorherrscht, hin zu einer emotionalen und praktischen Begegnung mit den existentiellen, religiösen und ethischen Fragen der anderen religiösen Traditionen zu gehen. Interreligiöses Lernen ist primär Begegnungslernen, Lernen im Dialog der Religionen. Ein Konzept für interreligiöses Lernen muß diese „Begegnungen" möglich machen. Es muß Erfahrungsräume entfalten, in denen die Schüler/innen einen Sinn für das religiös (und kulturell) Fremde entwickeln können.

Aus Punkt 2.5 geht hervor, daß dem Verstehen von religiös anderem Denken und Erleben auch Grenzen gesetzt sein können. Eine schrittweise Annäherung an das fremde Zeugnis ist daher ratsam. Vor einer Überhäufung von Unterrichtsgegenständen, die alle als Zeuge für das religiös fremde Zeugnis stehen, ist m.E. deutlich zu warnen. Die einzelnen „Gegenstände" würden nicht zu ihrem Recht kommen und so wird die fremde religiöse Tradition unnötig reduziert und damit vielleicht verfälscht. Die intensive Beschäftigung mit einem „Gegenstand" (einer Statue, einer Geschichte oder einem Vers aus den heiligen Schriften) , die Betrachtung all seiner Facetten auf das genaueste ermöglicht den Schüler/innen, eine persönliche Bindung hierzu aufzubauen. Als Beispiel wähle ich den tanzenden Shiva.

Die Statue kann zunächst durch alle Hände gehen, ausführlich befühlt und betrachtet werden. Vielleicht gibt es eine Geschichte zu der Herkunft dieser Statue. Fragen nach dem Material werden geklärt. Dann geht es darum, die Statue zu beschreiben. Was ist zu sehen? Was kann das bedeuten? Die Schüler/innen lassen sich einbeziehen in eine Geschichte vom tanzenden Shiva. Ausgehend von diesem ersten Eindruck können nun unterschiedliche Zugangsweisen gewählt werden, sich dem „Gegenstand" weiter anzunähern. Eine Gruppe kann sich mit dem entsprechenden Material um die Bedeutung des Gottes Shiva in der hinduistischen Glaubenspraxis kümmern. Eine weitere Gruppe findet ausgehend von dem tanzenden Shiva andere Götter des Hinduismus. Wieder andere Schüler/innen versuchen, einen Abdruck der Statue für das Klassenzimmer herzustellen. Vielleicht ergibt sich die Möglichkeit, mit einem Gläubigen direkt ins Gespräch zu kommen oder ein Tempel kann besucht werden. Alle Zugänge zusammengenommen bieten ein breites Angebot für die Schüler/innen, sich nach ihren individuellen Lernvoraussetzungen und Interessen von dem tanzenden Shiva anregen zu lassen und auf diesem Weg etwas vom Hinduismus zu erfahren.[18]

Die Schüler/innen der Schule für Lernhilfe bringen sehr unterschiedliche Voraussetzungen mit. Einige von ihnen haben große Probleme, sich in Schrift und gesprochenem Wort auszudrücken. Ihre Deutschkenntnisse sind häufig gering. Andere Schüler/innen können vielleicht nur wenige Minuten still sitzen und zuhören. Wieder andere glänzen durch Desinteresse, weil Schule sie nicht interessiert. Es müssen also Methoden gefunden werden, den Unterrichtsinhalt differenziert zu bearbeiten. Die Schüler/innen müssen in ihren unterschiedlichen Lernvoraussetzungen ernst genommen werden und dort abgeholt werden, wo sie stehen.

Dazu möchte ich an die pädagogische Praxis von Celestin Freinet anknüpfen. Sein Bemühen war es, „in der täglichen Praxis eine andere Wirklichkeit vorwegzunehmen und schon ein Stück weit in der Schule zu realisieren, selbst wenn die Gesellschaft noch meilenweit davon entfernt war"[19]. Durch interreligiöses Lernen als pädagogisches Konzept soll in der Schule das freundliche Miteinander unterschiedlicher Kulturen und Religionen gelebt werden, von dem die Gesellschaft noch weit entfernt ist. Die entscheidenden Anregungen für die Arbeit an den Unterrichtsinhal-

---

[18] Viele Anregungen kann man in der Reihe: „Religionen kennenlernen: Hinduismus, Buddhismus, Islam,...." finden, die im Verlag an der Ruhr erschienen ist. Außerdem ist allen, die auf der Suche nach Material sind, die CD-Rom: „Spurensuche. Die Weltreligionen auf dem Weg." von Hans Küng zu empfehlen., die im Zusammenhang mit dem Projekt Weltethos 1999 erschienen ist.

[19] Ingrid Dietrich (Hg.): Handbuch der Freinet-Pädagogik, Weinheim/Basel 1995, S. 18.

ten sollen dabei von den Schüler/innen selbst, aus ihrem engeren oder weiteren Lebenskreis kommen. Religionen begegnen einander nicht als Systeme, sondern in Gestalt von Menschen in ihren gelebten Ansichten und vor ihrem jeweiligen gesellschaftlichen Kontext. Interreligiöses Lernen muß für diese Begegnungen (Erfahrungs-)Raum schaffen, in dem die individuellen Möglichkeiten und Grenzen des Zusammenlebens der Lerngruppe Schüler/innenorientiert erlebt und reflektiert werden können. Da die Unterrichtsinhalte über eine sachlich-logische Dimension hinausweisen, stehen handlungsorientierte Methoden und kreative Zugänge im Vordergrund. Die Rolle der Unterrichtenden liegt dabei ebenfalls auf der Ebene des Lernens.

3.5 Resumé

Das vorgeschlagene pädagogische Konzept wurde für Schüler/innen der Schule für Lernhilfe erarbeitet. Ihre Voraussetzungen sind berücksichtigt worden bei der Wahl der Unterrichtsinhalte sowie bei der methodischen Umsetzung. M.E. ist dieses Konzept aber durchaus übertragbar auf andere Schulformen. Die Schüler/innen der Schule für Lernhilfe unterscheiden sich in ihrer Persönlichkeit keineswegs von denen anderer Schulen schlechthin. Die Existenz der Schule für Lernhilfe ist lediglich ein Zeichen dafür, daß die allgemeinen Schulen (in der Regel die Grundschule) nicht in der Lage sind, auf die zunehmend heterogeneren Lerngruppen angemessen zu reagieren. Die Offenheit des Konzeptes für interreligiöses Lernen läßt genügend Spielraum für alle Lerngruppen. Ein wesentliches Merkmal des Konzeptes ist die Schüler/innenorientiertheit. Sowohl bei der methodischen Verarbeitung eines Unterrichtsinhaltes als auch bei der Wahl der „Gegenstände", die als konkrete Zeugen für einzelne religiöse Inhalte stehen, wird von den Voraussetzungen der Schüler/innen ausgegangen. Unter diesem Gesichtspunkt ist das vorgestellte Konzept auf jede Schulform übertragbar.

Freilich handelt es sich dabei um einen Ansatz pädagogischen Handelns, der über die Grenzen von Religionsunterricht und Schule hinausweist. Die Strukturen der heutigen Schule sind kaum Schüler/innenorientiert und handlungsorientierten Ansätzen im Unterricht wenig dienlich. Sie müssen zugunsten eines Unterrichts für alle verändert werden. Weiterhin können in das vorgestellte Konzept Unterrichtsinhalte anderer Fächer integriert werden. Geschichte, Geographie, Sprachen, musisch-kreative Lernprozesse können aufgenommen werden. Für den Erwerb von interkultureller Kompetenz halte ich dieses für unumgänglich. Die strukturelle Benachteiligung ausländischer Schüler/innen muß z.B. durch einen gesicherten muttersprachlichen Unterricht aufgehoben werden. Ihre Voraussetzungen müssen genauso ernst genommen werden, wie die Voraussetzungen deutscher Schüler/innen. Gemeinsam müssen sie alle vor den Herausforderungen unserer Zeit im Sinne einer „Bildung für alle" auf ein verantwortungsbewußtes Handeln mit sich selbst und ihrer Umwelt vorbereitet werden. Das vorgestellte Konzept interreligiösen Lernens ist ein Beitrag hierzu.

Ulrich Gräbig

So ein Zirkus!

1 Ausgangsproblem oder: „Was machen wir bei der Entlassungsfeier?"

„Am Anfang war das Wort" – und die Lehrer ergriffen es und verbreiteten es wort„gewaltig". Hinter dem positiven Beiklang dieses Wortes bleibt der im Wortsinn gewalttätige Charakter von Wortgewaltigkeit oft verborgen. Schulsprache, Lehrersprache bewirken im Alltag der Hauptschule neben vielem Positiven auch Entmündigung, ja ein Verstummen der Schüler/innen. Ihre Ausdrucksmöglichkeiten der unterschiedlichsten Art werden unter der Flut der gesprochenen und geschriebenen Wörter verschüttet.

Die Sprachebene, auf der Lehrer/innen, Lehrbücher etc. agieren, ist oft nicht die unserer Schüler/innen. Wer nicht zu Wort kommt, wer die Sprache der Mächtigen im Fernsehen oder anderswo nicht versteht, mit der aber auch über das eigene Schicksal entschieden wird, wem die Worte fehlen, z.B. Beziehungen zum anderen Geschlecht aufzunehmen, oder wem es mit Blick auf die berufliche Zukunft die Sprache verschlägt, schweigt oder drückt sich auf andere Weise aus. Malereien in Heften, auf Taschen, Graffiti, Körperlichkeit bis hin zur aggressiven Attacke, anrempeln, „begrapschen", das Zuschlagen in Konfliktlagen – all das sind auch Ausdrucksformen in Ermangelung anderer Möglichkeiten. Piercing, modisches Outfit (Kleidung, Frisur) bis hin zur Provokation sind auf Kommunikation angelegte Selbstdarstellungen, denen mit Ablehnung oder Sanktion allein nicht adäquat begegnet werden kann. Einen Schüler zu zwingen, im Unterricht die Kappe abzunehmen, kann ihn in seiner Identität treffen, die er durch sie zum Ausdruck bringt. Darüber muß ich mir im Klaren sein, wenn ich das Verbot ausspreche, und dafür Sorge tragen, daß er andere Möglichkeiten erhält, zum Ausdruck zu bringen, wer er ist und was er zu Sprache bringen möchte.

Damit will ich diese z.T. unakzeptablen Ausdrucksformen nicht kultivieren oder hochstilisieren und damit in jeder Ausprägung legitimieren, sondern deutlich machen, daß wir unsere „kommunikative Macht" verantwortungsbewußt anwenden müssen.

Auch auf diesem Hintergrund sah ich die Entlassungsfeier meiner 10. Klasse. Erfahrungsgemäß würden meine Schüler/innen auf den „Stufen" Hermann Hesses ins Stolpern geraten, sich in der Weitschweifigkeit und bedeutungsschweren Tiefe der Lehrerrede verlieren und sich angesichts des Wunsches bzw. Zwanges zu unterhaltsamen Beiträgen zur Feier – Wortbeiträgen im Regelfall – auf vorgestanzte Formen beschränken. Dazu gehören erfahrungsgemäß Playback-Darbietungen aktueller Hits, bei denen sie selbst sprachlos bleiben, stilgetreue Imitationen beliebter Talkshows, die Auskunft geben über ihre TV-Gewohnheiten, aber nicht über sie selbst, oder die üblichen vorgelesenen bzw. gespielten Witze und Kurzszenen , die Konserven (fertig, schnell und billig), aber keine authentischen Ausdrucksformen sind . Und die erforderliche Schülerrede würde unter der Hand eine zweite Lehrerrede werden.

Wie soll ein Lehrer, der selbst so ein Worttäter ist (und selbst oft keine besseren Möglichkeiten sieht), mit der Klasse, für die diese vielen Worte im Schulalltag oft nicht der Anfang waren, sondern das Ende ihrer Möglichkeiten, anläßlich einer Entlassungsfeier etwas zum Ausdruck bringen?

2 Lösungsperspektive oder: „MiMa"

Wo Schule an ihre Grenzen stößt, sollte sie nicht in sich ruhen oder sich einfach um sich drehen, sie sollte offen sein für kompetente Hilfe und Zusammenarbeit mit externen Partnern. Kirche könnte einer sein.

Nun ist gerade die evangelische Kirche auch eine vom geschriebenen und gesprochenen Wort geprägte Einrichtung, aber es gibt auch in der Kirche Nischen, in denen anderes möglich ist. Eine dieser Nischen ist der MI(t)MA(ch)-Zirkus der Evangelischen Jugend in Hildesheim. „Brich mit dem Hungrigen dein Brot, sprich mit dem Sprachlosen ein Wort" (EG 418) – über diesen Impuls geht Mima hinaus. Er spricht den anderen nicht nur an, sondern wie Jesus bei der Heilung des Taubstummen (Mk 7, 31ff) wendet er sich dem anderen handelnd zu und verschafft ihm so Ausdrucks- und Handlungsmöglichkeiten.

Interessierte Jugendliche treffen sich im Frühjahr zu zwei bis drei verlängerten Wochenenden, suchen sich ein Thema und basteln dazu mit Hilfe der mittlerweile reichhaltigen Requisiten ein Zirkusprogramm zusammen. Dann wird überlegt, wer was kann oder können möchte – der Rest ist Training, allein oder im kleinen Team. In den Sommerferien geht es dann nach drei Trainingstagen auf Tournee in einer Region der Landeskirche Hannover. Die Jugendlichen verpacken den Zirkus in Pferdeanhänger und Kleintransporter, schwingen sich auf ihre Räder und fahren los. In Kirchengemeinden und bei Ferienspaßaktionen bauen sie ihr Zelt auf, führen ihr Programm vor und bieten den kleinen und großen Zuschauern hinterher die Möglichkeit, das ein oder andere selbst zu probieren. Abbau, Einkauf, Verpflegung, Gestaltung des Zusammenseins – alles liegt in der Gruppe und dem Team unter Leitung des Diakons Dietrich Waltemate.

Dahinter steckt natürlich ein Konzept: In der dynamischen Entwicklung der Gesellschaft kann der Einzelne Risikopotentiale gar nicht mehr angemessen erkennen und interpretieren, Orientierungslosigkeit ist die Folge. MiMa will dagegen in seinen sozialen und praktischen Vollzügen Wahrnehmung und Urteilsvermögen fördern und komplexe soziale Zusammenhänge schaffen für die zunehmend vereinzelnden Kinder und Jugendlichen. In diesen Zusammenhängen kommt es zwar auf jeden einzelnen an, aber nicht seine „Ellenbogen" sind gefragt, sondern seine vielfältigen Beiträge im Team – als Artist, Einkäufer, Reifenflicker, Zuhörer, Koch u.v.a.m. „Auf MiMa" wird nicht konsumiert, sondern primär Neues geschaffen und zwar nicht medial vermittelt, sondern in permanenter Ernstsituation. Weitere Unterscheidungsmerkmale zu vielen anderen Lebenssituationen „für" Jugendliche: Ansätze und Ziele, die MiMa als eine Form evangelischer Jugendarbeit Akzeptanz haben finden lassen – und eine Praxis, die seit über 10 Jahren Begeisterung auslöst.

Zirkus – das buchstabiert die Situation vieler Hauptschüler/innen und hilfreiche Möglichkeiten, die ihnen eröffnet werden sollten:

Z	UGNUMMER für jugendgemäßes Darstellungsbedürfnis im Konflikt mit begrenzten Darstellungsmöglichkeiten.
I	NDIVIDUUM und Team entdecken sich und ihre – ungeahnten – Talente.
R	ESPEKT erfahren – von sich selbst, in der Gruppe, beim Publikum.
K	ÖRPERBETONTHEIT – in der Hauptschule jenseits des Sportunterrichts ein vielschichtiges Problem – ist möglich.
U	NSICHERHEIT produktiv bearbeiten können; sie wird entdeckt, akzeptiert, bearbeitet, aber nicht weggedrückt – immer kann etwas schiefgehen!
S	TÄRKEN entdecken und Könnens-Erfahrungen machen.

Würde Dietrich Waltemate uns die Requisiten zur Verfügung stellen? Würde er mit uns Zirkus machen? Würden die Schüler/innen sich für ihre Entlassungsfeier auf so etwas einlassen – etwas von der Kirche, wobei man sich öffentlich produzieren muß? Würden wir eine Form für Zirkus und Entlassungsrede des Klassenlehrers finden?

3 Problembearbeitung oder: „Schritte"

In den Weihnachtsferien überlegte ich mir, was ich nach vier Jahren Arbeit mit, in und für die Klasse zu sagen hätte. Das sollte mein Part sein. Rückblickend muß ich sagen, daß auch das mit den Schüler/innen zusammen hätte geschehen können.

Danach stellte ich den Schüler/innen den MiMa-Zirkus als Möglichkeit für die Entlassungsfeier vor. Meine Gedanken zum Abschluß und ihre Zirkusnummern könnten sich auf einander beziehen und sich wechselseitig auslegen, die Tat als Gleichnis für das gesprochene Wort und umgekehrt, das Verkündigungsmodell Jesu und seiner Predigt in Gleichnis und Wundertat. Die Gleichnisse Jesu wie seine Wundertaten auch nehmen vertraute Lebenssituationen auf, ereignen sich in ihnen und bringen unerwartet, aber wegen des vertrauten Kontextes nachvollziehbar, verständlich, übertragbar das Neue, das Andere, die Botschaft zum Ausdruck – in Wort bzw. Tat. Und anders als bei mir oft sind Wort und Tat stimmig. Die Aufnahme der Lebenssituation Schule, ihre pointierte, zugespitzte Reflexion in der Moderation und ihre Veranschaulichung in Aktion – das könnte nicht nur ansprechen, Spaß machen, da könnte auch eine Botschaft „rüberkommen".

Das Echo war unterschiedlich. „Er nun wieder – jetzt auch noch Reli bei der Abschlußfeier!" „Zirkus? Kinderkram!" „Ich mach mich doch nicht zum Affen vor 200 Leuten!" „Ich kann das nicht!" „Das wär doch mal etwas anderes!" „Wir können es doch mal probieren!" „Ich fände das cool!" Die 10b wollte – aber nicht komplett. Vier der 17 Mädchen und Jungen hielten sich raus, ihr gutes Recht bei so einer merkwürdigen Geschichte. Zustimmung der Schulleitung und Bereitschaft des Diakons – kein Problem.

Am 20./21.Mai standen für die 10b Projekttage auf dem Vertretungsplan. Das Rätselraten bei den anderen Klassen verstärkte sich, als am Morgen der Zirkuswagen vorfuhr. Ausladen. „Was ist das denn für'n Teil?" „Hey, ein Kostüm, das möchte ich anziehen!" Der leer geräumte Klassenraum füllte sich mit den tollsten Dingen und die Schüler/innen eigneten sie sich beim Hineintragen schon an – Berührungen, Kontakte, Interessen, Neugierden, ein erstes Probieren ... Dafür ließen wir uns Zeit.

Im nächsten Schritt erklärte und zeigte Dietrich, was mit den Requisiten möglich ist. Das war natürlich etwas anderes als Deutsch oder Mathe! Dominika hatte sich in das Einrad „verguckt" – noch nie darauf gesessen, aber das sollte es sein. Üben, üben, üben – am Ende fuhr sie als erste in die Pausenhalle ein. Einige Mädchen, die im Hauptschulunterricht strukturell manches Mal zu kurz kommen, stellten sich die Akrobatik-Leitern zusammen und probierten mehrere Nummern, mit denen sie etwas und sich (!) gekonnt darstellten. Nahren, im Unterricht leise bis zur Sprachlosigkeit, jonglierte und schritt über das Hochseil – traumwandlerisch sicher, schweigend, aber lächelnd, zum Staunen der anderen. Karsten mußte nicht große oder kluge Worte „spucken", sondern Feuer, und das fiel ihm anfangs gar nicht so leicht ...

Am folgenden Tag legte ich meine Gedanken vor und eine mögliche Zuordnung von Zirkusnummern, die sie veranschaulichen konnten. Es kam zu einer recht intensiven Auseinandersetzung mit meinen Gedanken und einer ersten Überarbeitung des Programms – es sollte nicht die letzte in diesem Prozeß sein. Der Rest war Probieren, Staunen ... Die Entlassung konnte kommen!

4 Reflexion oder: „Es gibt nichts, was ein Lehrer nicht als Unterrichtsthema (kaputt?) machen kann!"

Ich wollte die Zirkuserfahrungen in einer letzten Unterrichtseinheit des Religionsunterrichts in einen größeren und tiefer gehenden Reflexionszusammenhang stellen.

1. Station. Ausgehend von der Redensart „Das Leben ist wie eine Hühnerleiter – von oben bis unten beschissen" näherten wir uns schnell den vielen Möglichkeiten, durch Vergleiche Erkenntnisse über das Leben, den Lebenssinn auszudrücken. Der Schritt zu den Gleichnissen Jesu war schnell gegangen. Mit Hilfe eines Arbeitsblattes wurden vier Gleichnisse in Erinnerung gerufen und interpretiert (M 1). Manches war aus früheren Stunden bekannt, anderes erzählte ich in reduzierter Form. Mit Hilfe des Arbeitsblattes gelang nicht die Vermittlung

des Textinhalts in allen Nuancen und Sprachformen, es wurde aber eine Beziehung „festgeschrieben" zwischen dem elementarisierten Inhalt und der Lebenssituation der Menschen, die Jesus zugehört hatten, seiner Botschaft und – wie sich im Gespräch zeigte – unserer Lebenssituation. Die reduzierte Methodik half, daß das didaktische Anliegen, nämlich den Bogen zu schlagen vom Gleichnis Jesu bis zur Entlassungsfeier der Klasse 10b, nicht aus dem Blick geriet. Als Problem der Gleichnisse wurde festgestellt, daß sie ja aus einer ganz anderen Zeit stammen und einer ganz anderen Welt und damit schwer zugänglich, wenn „auch gar nicht uncool" (d.h. durchaus treffend), sind. Geeignetere Vergleichspunkte wären nicht schlecht ...

2. Station. Das Bild eines fallenden Trapezartisten leitete die nächste Stunde ein.[1] Sehr schnell war nicht nur die Verbindung zu unserem Zirkusprojekt hergestellt, sondern auch „zum Leben". Abstürze sind Hauptschüler/innen nicht fremd. Allein oder zu zweit fiel es ihnen leicht, „Zirkus-Ver-Gleichnisse vom Leben" zu formulieren (M 2) und darüber zu sprechen.

3. Station. Der irische Reisesegen (M 3) befremdete zunächst. „Auf jeden Fall ist es ein gut gemeinter Wunsch!" gestand man großmütig zu. Gesegnet werden, gesegnet sein – das ist ungewohnt, ein Einbruch einer anderen Dimension in den Alltag. Segen ist Teil der Gottesdienstsituation, in der Hauptschüler/innen sich im Regelfall fremd, nicht beheimatet fühlen – auch ein Problem von Sprache. Und dennoch – die Segenszusage stand am Anfang der Stunde, diesem Zuspruch ging nichts voraus, zumindest nicht seitens „der Gesegneten", Segen trifft voraussetzungslos, passiv, ich muß nichts dafür tun. Die ernsthaft-ruhige, „rituelle" Sprache (unterstützt durch den Text auf Folie), die Unterstützung durch segnende Gestik bzw. Handlung (!) (zu der ich mich allerdings nicht durchringen konnte), das schuf – auch für einige Schüler/innen in dieser Stunde – das Gefühl von Annahme und Geborgenheit, von entspannter und doch stärkender Verläßlichkeit, Sicherheit und Hoffnung inmitten aller Fragen und Zweifel. Die bildhafte Sprache stellte eine Verbindung zu den „Gleichnissen" der vorangegangenen Stunde her. Auf diesen Grundlagen lud ich die Schüler/innen ein, Segenswünsche für Mitschüler/innen zu formulieren, soweit sie das wollten oder konnten. Sie verzichteten dabei auf Anleihen bei den Zirkusbildern und wurden statt dessen sehr konkret (M 4).

4. Station. Entlassungsfeier – beim „Sektempfang" im Klassenraum nach Zirkus und Zeugnisausgabe erhielt jeder von mir ein Säckchen mit 20 leeren Puzzleteilen. Sie

---

[1] Aus: G. Kiefel: Wir suchen das Leben, Wuppertal, 1970, S.66.

müssen zusammengesetzt und gestaltet werden – wie das Leben. Auf der Rückseite verteilt waren Worte eines „Puzzle-Segens" (M 5) von mir, die eine Hilfe beim Legen sind und mein Abschiedswunsch für jede(n) Schüler/in.

5 Exkurs: Hauptschule, Zirkus, Verkündigung - wie geht das zusammen?

Verkündigung kommt her von der vor allem biblisch überlieferten Liebe Gottes zu den Menschen, besonders zu denen draußen an den Wegen und Zäunen – das sind auch und nicht zuletzt Hauptschüler/innen. Dabei greift Verkündigung letztlich zu kurz, bleibt „lieblos", wenn sie diese Liebe – in geschriebenen und gesprochenen Texten – nur konstatiert, ansagt. Verkündigung der Liebe Gottes ist nur dann kompatibel mit dem Inhalt ihrer Botschaft, wenn sie auch die Kon-Texte der Angesprochenen aufnimmt und dialogisch ist.

Ein Dialog ist nur dann liebevoll, wenn
*   die Botschaft in Inhalt und Form auf Verständlichkeit, d.h. Aneignungsfähigkeit durch den Dialogpartner angelegt ist, wobei ein entscheidendes Kriterium dafür die Aneignungsfähigkeiten des Dialogpartners sein müssen,
*   der Angesprochene nicht zum Zuhören oder Antworten gezwungen ist,
*   der Angesprochene als anerkanntes Subjekt in diesem Prozeß in Form und Inhalt nicht unausweichlich festgelegt wird bzw. unter dem Verdikt des „Verloren-Seins" steht, wenn seine Reaktion nicht dem Ziel entspricht.

Verkündigung in diesem Sinne beschränkt sich also nicht auf das „Abladen" von Information, auf das „bildende" Schaffen von Reflexions- und Erkenntnismöglichkeiten, sie ist in Zusage- und Geborgenheitsstrukturen eingebettete biographische Begleitung und kann so zusätzlich Hoffnungs- und Handlungsmöglichkeiten stiften, die durch diesen Gesamtzusammenhang motiviert und orientiert sein können. So sicher sie in ihrer Herkunft ist – der Botschaft der Liebe Gottes – so sehr muß sie gerade deshalb prozeßorientiert und zieloffen sein, weil nur so der Dialogpartner liebevoll ernst genommen ist.

Was hier nur kurz umrissen werden konnte, ließ sich zumindest ansatzweise in unserem Zirkus-Projekt verwirklichen. Vermittelt über die Thematik Zirkus und die damit verbundenen Aneignungs-, Interpretations- und Ausdrucksmöglichkeiten war es möglich, biblische Botschaft und Lebenssituation und Persönlichkeit der Schüler/innen in einen wechselseitigen Auslegungs- und Auseinandersetzungsprozeß zu bringen.

Die Situation der Schulentlassung – die dichter und mehr war als die Gestaltung des Entlassungsprogramms – berücksichtigt punktuell das Stichwort der biographischen Begleitung.

Die Elemente Zusage, Hoffnung und Handlungsorientierung waren didaktisch und methodisch in der Segensthematik, die in dem Puzzlesegen eine über das rein thematische hinausgehende Zuspitzung erfuhr, enthalten, zugleich aber auch in dem Erfahrungs- und Artikulationsfeld „Zirkus".

Darüber hinaus schimmerten sie situativ und durchaus biographisch durch, z.B. in einem Abschlußessen, das wir unmittelbar vor der Entlassungsfeier im griechischen Restaurant eines Elternpaares im weitesten Sinn des Wortes genießen konnten, oder in einem überraschenden Geburtstagsbesuch, den einige Schüler und Eltern eine gute Woche nach der Entlassung bei mir zuhause machten.

Eine kleine Fete bei mir nach den ersten Wochen in der neuen Ausbildungssituation der Schüler/innen wird das sicher fortsetzen. Spätestens hier werden die Aspekte Prozeßorientierung und Zieloffenheit offenkundig, denn so etwas läßt sich weder von einem Lehrer noch von einem „Verkündiger" planen, hier schafft sich – theologisch gedeutet – die Liebe Gottes ihren unverfügbaren Entfaltungsraum, den sie liebevoll uneigennützig Menschen schenkt.

6 Problem(er)lösung oder: „Entlassungszirkus"

Für die letzten Tage vor der Entlassung standen uns noch einmal die Zirkusrequisiten zur Verfügung. Üben, Programm überarbeiten, probieren, aufgeregt sein, Aufregung in den Griff bekommen ... Schließlich rollte das Programm (M 6) ab, natürlich klappte alles vorzüglich und die 10b badete mit – nicht nur wegen der sommerlichen Temperaturen – knallroten und schweißglänzenden Gesichtern im begeisterten Beifall der über 200 Eltern, Lehrkräfte und (ehemaligen) Mitschüler/innen. Man war nicht nur um einen Erfolg, sondern auch um eine wichtige, schöne Erfahrung reicher. Für Nachfragen ist der MiMa-Zirkus erreichbar beim Evangelischen Kreisjugenddienst, Theaterstr. 2, 31141 Hildesheim oder im Internet unter http://home.t-online.de/home/Zirkus.Mima/

Jesus erzählt Gleichnisse vom Leben – das gibt Probleme

Jesus sagt: „Die Leute sehen zwar, aber sie erkennen nichts; sie hören zwar, aber sie verstehen nichts, deshalb erzähle ich ihnen Gleichnisse!"

Das Leben in einer Welt, wie Gott sie für uns möchte, ist wie ...

... die Arbeit eines Bauern, der sät. (Mt 13,4ff / Mk 4,26f)	... das Zubereiten von Sauerteig. (Mt 13,33)
(Trotz aller Bemühungen muß ich mit Mißerfolg rechnen und dennoch hoffnungsvoll weitermachen. – Ich kann nicht alles erzwingen, ich muß auch Zeit lassen zum Wachsen. Gott will Kraft zur Mühe, Grund zur Hoffnung und Zeit zum Wachsen schenken.)	(Mit Kleinigkeiten kann ich Großes bewirken, alles fängt einmal klein an. Schon diese Kleinigkeiten freuen Gott.)
....	....
... ein Feigenbaum, der keine Früchte trägt. (Lk 13,6ff)	... das Verhältnis zwischen jenem Vater und seinem Versager-Sohn. (Lk 15,11-32)
(Alles braucht seine Chance und Unterstützung, damit die Chance genutzt werden kann. Gott will beides geben.)	(Einsicht in Fehler und Ängste, Änderung des Lebens stößt auf Gnade und Hilfe – zumindest bei Gott.)
....	....

Worin liegt das Problem dieser Gleichnisse? Was ist nötig?

....

....

....

Klasse 10b: Gleichnisse des Lebens

Die Gleichnisse Jesu sind aus ganz anderer Zeit und einer fremden Kultur, das macht sie schwierig. Für unsere Abschlußfeier bereiten wir einige Zirkusnummern vor – damit kann man das Leben auch vergleichen!

Das Leben ist wie ...

Stelzenlauf: Man will groß sein, sozusagen den Überblick haben und über den anderen Menschen stehen. Da besteht die Gefahr, daß man von oben herab in die Tiefe hinunterfällt.

Jonglieren: Es gibt Menschen, die mit anderen Menschen spielen wie mit Jonglierbällen, um etwas zu erreichen.

Man darf beim Jonglieren nicht nur auf einen Ball achten, genauso ist es im Leben – man muß auch auf den anderen achten, alles gleichzeitig im Blick haben. Ich habe alles in der Hand und muß etwas daraus machen.

Alles dreht sich im Kreis, Bälle werden hoch geworfen und aufgefangen. Leben fängt an und hört auf. Die Bälle fallen aber schneller, als man geplant hat, und auch manche Menschen gehen schneller von uns fort, als wir denken.

Beim Jonglieren mit brennenden Fackeln kann man sich schnell die Finger verbrennen. Da darf man nicht gleich aufgeben, sondern muß versuchen, die Fehler abzustellen.

Feuerspucken: Man muß mit Rückschlägen rechnen. Aber man muß sich auch etwas (zu)trauen, um etwas zu erreichen.

Hochseillaufen: Aller Anfang ist schwer, man muß die ersten Schritte wagen. Dabei ist jeder Mensch irgendwie auf Hilfe anderer angewiesen und man muß sich selber in der Balance halten. Natürlich gibt es Höhen und Tiefen.

Pyramidenakrobatik: Aus einem allein wird keine Pyramide. Im Leben heißt es also zusammenzuhalten, dann erreicht man etwas, dann kann man etwas aufbauen. Man braucht im Leben Freunde, die einen halten und die man auch selber halten muß, sonst bricht das Ganze zusammen.

Laufen auf der Rolle: Nichts geht von allein, ohne meine (Fuß)Bewegung bewegt sich nichts, wie ich es will. Wenn man etwas tut, geht das Leben weiter.

Einradfahren: Immer wieder muß man etwas probieren, damit man Erfolg hat, man darf nicht gleich aufgeben.

Das Laufen auf Scherben: Es passiert überhaupt nichts, wenn man richtig vorbereitet ist, die Ängste überwindet, über seinen Schatten springt, sich selber einen Schritt voraus ist. Man braucht dann auch keine Angst zu haben, daß man irgendwelche Schritte macht, die man später bereuen muß.

Zaubern: Mit Tricks kann man alles schaffen, so sieht es zumindest aus. Doch irgendwann kommt alles raus.

Leiterakrobatik: Man will hoch hinaus, aber es geht nicht immer gut. Einer schafft es, andere nicht. Aber ohne die anderen käme auch der eine nicht nach oben.

Zum Abschied

Möge die Straße uns zusammenführen
und der Wind in deinem Rücken sein!
Sanft falle Regen auf deine Felder
und warm auf dein Gesicht der Sonnenschein!

Möge die Straße, die du gehst,
immer nur zum Ziel führen – bergab und ganz sacht!
Hab, wenn es kalt wird, warme Gedanken
und den vollen Mond in dunkler Nacht!

Hab unterm Kopf ein weiches Kissen,
habe Kleidung und das tägliche Brot!
Sei über vierzig Jahre im Himmel,
bevor der Teufel merkt, daß du schon tot bist!

Bis wir uns wiedersehen,
hoffe ich, daß Gott dich nicht verläßt!
Er halte dich in seinen Händen,
doch bedrücke dich seine Faust nie zu fest!

Und bis wir uns wiedersehen,
halte Gott dich fest in seiner Hand!

(aus Irland)

Gute Wünsche für ...

Ich wünsche allen Gottes Segen auf ihrem weiteren Weg und daß jeder mit sich selbst zufrieden ist und alles andere akzeptiert, wie es ist.
Nahren wünsche ich, daß ihr allergrößter Wunsch,
den sie im Steckbrief der Abschlußzeitung nicht genannt hat, in Erfüllung geht.   Ninwi.

Ich wünsche den Leuten aus der 10b,
daß sie auf gute und lange Wege gehen,
daß sie nicht auf viele böse Menschen treffen,
daß sie nicht krank werden,
daß sie den Glauben an Gott nicht verlieren,
und wenn manche diesen Glauben nicht haben, daß sie ihn finden.

Ich wünsche Jennifer für ihren weiteren Lebenslauf, daß sie glücklich bleibt,
doch um ihre Gesundheit muß sie sich selbst kümmern!
Außerdem wünsche ich ihr, daß sie einen Ausbildungsplatz findet,
wie sie ihn sich wünscht und bis jetzt noch nicht hat.   Dominika

Ich wünsche allen alles Gute und ein langes Leben mit einem/r Partner/in.

Steffen wünsche ich, daß er aufwacht und sich ändert.
Den anderen wünsche ich, daß sie etwas aus ihrem Leben machen und glücklich werden.

Ich wünsche allen Glück und Spaß im Berufsleben
und auf der Leiter des Erfolgs immer den Weg nach oben!

Ich wünsche allen, daß sie einen Ausbildungsplatz kriegen
und viel Spaß im Leben haben!
Steffen wünsche ich, daß er langsam erwachsen wird.   Sabrina

Ich wünsche (fast) allen, daß sie mit ihrem Leben klar kommen
ohne Streit und Gewalt,
aber mit einer Familie und guten Freunden,
daß sie ein Zuhause haben.
Den anderen wünsche ich, daß sie sich ändern
und dann mit ihrem Leben besser klar kommen.

Ich wünsche allen, daß sich ihre Wege irgendwann wieder vereinen.
Ich wünsche Ninwi einen guten Mann
und Karsten, daß er den Beruf, den er sich wünscht, auch machen kann.

Ich wünsche Aris, daß er beim Militär die richtige Erziehung findet
und gesund aus Griechenland zurückkommt,
daß er seinen Traumjob findet und eine Frau für den Herd ...   Kevin

... und ich wünsche, daß die Sympathie, die aus diesen Zeilen spricht, in guter Erinnerung bleibt.   Grä.

An so einem Wendepunkt, wie die Schulentlassung es ist, darf ein Klassenlehrer, gerade wenn er auch noch Religionslehrer war, es mit einem Segen versuchen:

Irischer Reisesegen

Möge die Straße dir entgegen eilen,
möge der Wind immer in deinem Rücken sein,
möge die Sonne warm auf dein Gesicht scheinen
und der Regen sanft auf deine Felder fallen.
Und bis wir uns wiedersehen,
halte Gott dich im Frieden seiner Hand.

Angeregt durch diese Worte gibt es noch einen „**Lamspringer Puzzlesegen**", damit das Basteln am Lebenspuzzle etwas leichter wird, denn einen dieser Sätze findet ihr auf der Rückseite eures Puzzles.

Ich wünsche dir die Stärke zur harten Arbeit an diesem Lebenspuzzle
und die Größe, dabei auch einmal klein zu sein.
Ich wünsche dir Träume von einem wunderbaren Lebenspuzzle
und die Kraft und Beharrlichkeit, es zu deinem Segen zusammenzusetzen.
Ich wünsche dir das Glück, auch bei deinem Lebenspuzzle immer eine helfende Hand zu finden,
und die Größe, diese Hilfe dankbar anzunehmen.
Mögen deine Puzzleteile des Lebens nie durcheinander gebracht werden,
dann wirst du aus der Wirrnis der Teile ein gutes Ganzes für dich zusammenfügen.
Möge dein Puzzle offen sein für viele gute Möglichkeiten des Lebens und für die helfende Hand
anderer Puzzler, dann werden sich deine Träume erfüllen für dich und andere mit dir.
Mögest du beharrlich und mutig dein Lebenspuzzle zusammenfügen,
ohne daß dir Teile weggenommen oder von anderen für dich gelegt werden
– gegen deine Träume.
Mögest du mit all deinem Geschick, aber auch schöpferisch und mit allem Fleiß
ein Puzzle des Lebens zusammenfügen,
das offen ist für Buntheiten, Träume und Überraschungen eines gelingenden Lebens.
Mögen dir die Puzzleteile nie ausgehen, so daß ein vielfältiges Puzzle entsteht,
an dem du ernsthaft und mit Freude zugleich zu deinem Glück arbeiten kannst.
Mögen dir die Puzzleteile deines Lebens zu segensreicher und glücklicher Ordnung gelingen
und daneben auch noch guter Platz für die Puzzle der anderen sein.
Möge dir die Stärke für diese schwere Aufgabe gegeben sein und Sanftheit in dir wachsen,
damit keines dieser empfindlichen Puzzleteile Schaden nimmt.
Möge deine Freundlichkeit und Stärke auch in Zukunft groß sein,
dann wird dein Lebenspuzzle gelingen und du wirst anderen bei ihrem ein Segen sein.
Möge dein niveauvoller Traum von deinem Lebenspuzzle sich erfüllen
und mögest du bei der beharrlichen Puzzelei kein Teil vergessen.
Mögen Mut und Stärke in dir wachsen und dazu ein Traum von einem gelingenden Lebenspuzzle,
dann wirst du es auch zu deinem Heil zusammenfügen.
Mögest du immer einen Ort finden, wo du dein Lebenspuzzle in Frieden
zu ganzer Schönheit zusammenlegen kannst.
Mögest du bei allem Ernst erleben, daß das Lebenspuzzle auch Spiel und Freude ist,
dem du dich erleichtert und fröhlich hingeben darfst.
Möge zu deinem Fleiß ein gleich großer Mut kommen,
so wird dein Lebenspuzzle dich und andere glücklich machen.

Kl. 10b (Schj. 1998/99): So ein Zirkus –
Beitrag zur Entlassungsfeier der HS Lamspringe

Alle Requisiten werden auf bzw. neben der Bühne aufgestellt und mit **Tüchern** verdeckt. Grä macht die Moderation. Die Schüler tragen beliebige Hosen (bequem!), Turnschuhe (geeignet!) und weiße T-shirts. Musik im Hintergrund (Einzug „Tigers" (Rocky)/Auszug „Time to say goodbye")

Dies ist ein „HS-Rad" – wie unsere Schule, wie ich als Lehrer, wie manche Schüler hat es Mängel, es hat keine Klingel und kann somit keinen Krach machen (das können unsere Schüler allerdings gut), es hat keine sichtbare Lenkung und es hat nur ein Rad. Trotzdem konnten wir gemeinsam aus unseren Mängeln etwas machen! Oft waren wir nicht von der Rolle und manche kleinen Lichter kamen groß heraus! Mancher hatte auch manchmal einen Knall! Man hört es!	Grä zeigt Einrad. Grä bringt Rad nach hinten, Einzug: **Dominika** fährt mit **Einrad** durch Mittelgang nach vorn (Hilfestellung), gefolgt von **Kevin** auf der **Rolle**, dann **Kevin B.** und **Karsten** auf Stelzen, **Aris** treibt als Letzter die Schüler mit **Peitschenknall**. Vorne Reihe, Verbeugung, zur Seite ab.
Manchmal ging es dabei sogar richtig rund – und zwar gekonnt, von einzelnen oder im Team!	**Aris** mit **Stockteller** – allein. **Alex.** mit zweitem **Stockteller.** Aris legt Teller weg, übernimmt drehenden Teller von Alex., wirft ihn zu Alex. zurück.
Mancher nahm sich zu wenig vor. Wenige Schüler, aber manche Lehrer nahmen sich zu viel vor, wollten ein zu hohes Niveau! Mancher hätte es geschafft – mit etwas mehr Ruhe und Konzentration. Mancher arbeitete auf seine Weise – und war erfolgreich. Andere fanden das richtige Maß, probierten immer wieder, ließen nicht nach, behielten Ruhe und Durchhaltevermögen, konnten sich sogar steigern – und schafften es!	**Vanessa** wirft **einen Ball** in die Höhe und fängt ihn auf. **Julia** hat **vier Bälle**, wirft sie hoch – und sie fallen zur Erde. **Ninive** jongliert mit **Tüchern**. **Nahren** jongliert a) mit **3 Keulen**, b) mit **3 Dolchen**, c) mit **3 brennenden Fackeln**.
Auf Clowns verzichten wir heute, davon hatten wir weiß Gott genug! Aber Zauberei, das hatten wir auch, z.B. bei den Hausaufgaben – erst war nichts da und dann plötzlich doch! Unerschöpflich waren auch wir Lehrer – nachmittags füllen wir uns mit Wissen (nicht zu viel) und am nächsten Morgen gossen sie es über uns aus • und gossen • und redeten • 6 Stunden lang	**Zauberrohr** mit **Kevin Bartens** (erst leer, später mit Tuch gefüllt). **Krug-Trick** mit **Kevin Bartens** K füllt doppelwandigen Krug (da ist schon Wasser drin) aus Wasserglas. K gießt jedes Mal neu in Glasballon.

• und manchmal noch in den Pausen • und redeten • und fanden kein Ende • und wußten immer noch etwas und hatten immer noch eine Frage oder Aufgabe ...	
Wir Lehrer haben die Schüler mit unseren Fragen oft regelrecht gelöchert und durchbohrt ... (mit Schwert spielen).	**Julia** (bereits in der Schwertkiste), **Karsten** klettert dazu, **Kevin** sticht, **Dominika** reicht Schwerter, abschließend tauchen Julia und Karsten langsam auf!
Scharfe Zungen und spitze Bemerkungen, das gab es auch. Und manchmal hat es mir fast die Schuhe ausgezogen! Aber es ist nichts Schlimmes passiert!	**Michael** und **Kevin B.** schütten **Glasscherben** auf die Bühne, machen den Luftballontest, und lassen Grä barfuß über das Glas gehen.
Noten, Zeugnisse, Abschluß – immer wurden einem Ziele vor Augen gesetzt. Mancher wollte sich einfach nicht anstrengen ... mancher lehnte gut gemeinte Hilfe ab ... viele schafften es, unsicher manchmal, gelegentlich mit Hilfe. Und einige, die machten es richtig gut, konnten anderen sogar noch helfen!	**Hochseil** aufbauen. Grä führt **Karsten** im Bärenkostüm zum Seil, er wehrt ab, geht weg. **Janina** wehrt helfende Hand angeberisch ab, geht los, stürzt ab. **Jennifer** geht mit Hilfe einmal rüber. **Nahren** geht allein. **Nahren** führt (vor/hinter) **Ninive**.
Und wie erfolgreich unsere Erziehung war, möchte ich Ihnen mit einer kleinen Dressur zeigen. Hier lernen auch Lehrer von Schülern!	**Grä dressiert Vanessa und Karsten im Tiger- bzw. Bärenkostüm** (drehen, Bein heben, Matheergebnisse stampfen). Grä holt Rektor auf die Bühne, stellt ihn zwischen die beiden, Grä gibt Kommandos, Tiere lassen Rektor mitmachen.
Oft wollten wir (zu) hoch hinaus – es gelang nicht immer, aber gemeinsam schaffen wir es!	**Jennifer** allein mit **Leiter**, kommt nicht hoch. **Jennifer, Ninive, Janina, Julia, Helfer Andreas, Alex.** mit 2 **Leiternummern**.
Auch wenn es einen manchmal umhaute, man wurde doch meistens getragen, und zusammen stellten wir ganz schön was dar!	**4-stöckige Pyramide** mit **Andreas, Alex., Karsten, Kevin, Sabrina, Julia, Aris, Jennifer, Janina, Ninive.**
Alles in allem – wir sind Feuer und Flamme für die 10b, für unsere Schule – darauf wollen wir anstoßen ...	Grä trinkt Glas Apfelsaft, **Karsten** Glas mit „Feuerspuckpulver". Karsten spuckt **Feuer**.
Meiner Schüler haben ihren Abgang (bald) und ich mache ihn jetzt auch. Dafür haben meine Schüler mir versprochen, daß sie mich einmal richtig verwöhnen und hinaustragen wollen.	Axel, Andreas, Alex., Karsten tragen Nagelbrett mit Tuch über den Nägeln herein, lassen mich Platz nehmen, ziehen im letzten Moment das Tuch weg und tragen mich dann hinaus. Alle anderen schließen sich mit Requisiten an.

Gudrun Kurzke

„Spurensuche – Brückenbau"
Spuren jüdischen Lebens in Eisenach

1 Vorgeschichte

Seit 1992 betreue ich den Religionsunterricht in der 4. Regelschule Eisenach, der Goetheschule. Sie befindet sich im Zentrum der Stadt, direkt am Markt, und ist ein ca. 100 Jahre altes Gebäude, an welchem bisher kaum eine Sanierung etwas verändert hat. Resultierend aus der politischen Entwicklung begann der Religionsunterricht zunächst mit sehr wenigen Schülerinnen und Schülern in jahrgangsübergreifenden Gruppen. Die Schülerzahl stabilisierte sich allmählich so, daß jetzt in jedem Jahrgang eine Gruppe arbeitet. Nicht alle sind getauft, viele von ihnen aber doch meditativ empfänglich. Wichtig ist zu bedenken, daß Rezeptions- und Abstraktionsfähigkeit sowie selbständiges Arbeiten bei Jugendlichen in Real- und Hauptschulen in unterschiedlicher Stärke ausgeprägt sind.

Mit der Geschichte jüdischer Menschen in Eisenach verbindet mich persönlich sehr viel durch Schulfreunde meines Vaters sowie durch ein frühes Wissen über die Judenverfolgung aus Erzählungen meines Vaters bereits in einer Zeit, als kaum darüber gesprochen wurde. So entstanden viele freundschaftliche Verbindungen und Briefkontakte auch über den Tod meines Vaters hinaus.

Erste Nachforschungen über konkrete jüdische Schicksale und über das Geschehen in der sog. Kristallnacht erfolgten durch junge Christen 1987/88 unter Anregung des Landesjugendpfarrers. Da meine älteste Tochter zu dieser Gruppe gehörte, fanden oft die Zusammenkünfte bei uns zu Hause in privaten Räumen statt. Die Arbeit lief unter der Schirmherrschaft der Evangelischen Kirche in Zusammenarbeit mit dem Jugendbildungswerk Kassel. Bei Bekanntwerden dieser Zusammenarbeit wären die Oberschüler/innen damals kurz vor dem Abitur „relegiert" worden. Es entstanden acht Ausstellungstafeln und ein Heft mit wertvollen Interviewtexten von Personen, die inzwischen nicht mehr leben. Die Ausstellung, erstmals beim Kirchentag in Erfurt 1989 vorgestellt, durfte 1990 auch in der damaligen Erweiterten Oberschule gezeigt werden (jetzt konnte man ja stolz sein auf diese ehemaligen Schüler/innen). Aus nicht weiter geklärten Gründen ist die gesamte Ausstellung dann allerdings dort verschwunden.

Nach der Grenzöffnung kamen mehr und mehr ehemalige jüdische Bürger/innen nach Eisenach, die zunächst Kontakt mit dem Landesjugendpfarramt aufnahmen. Die Sekretärin verwies sie dann an mich bzw. meine Tochter. Wir konnten ihnen helfen, Adressen zu finden, Klassentreffen zu organisieren, Stellen ihrer Kindheit und Jugend wiederzufinden. Bald nahm sich auch die Stadt dieser Anfragen an. Nach anfänglichen Mißverständnissen hat die Eisenacher Stadtverwaltung doch in sehr sensibler Weise ihre Verantwortung wahrgenommen.

Seitdem ich nun Religion unterrichte, versuche ich, meine Kenntnisse und Erfahrungen über die jüdische Geschichte in Eisenach in den Unterricht zu tragen. So sind diese Themen für meine Schüler/innen nicht nur ferne Geschichte, sondern immer auch Geschichte vor der eigenen Haustür, an der ihre eigenen Großeltern mit teilgenommen haben. Bleibenden Eindruck vermitteln dabei besonders Informationen, die sie irgendwie selbst herausfinden. Das bedeutet für Regelschüler eine große Herausforderung. Ich möchte die bisherige Arbeit in drei Etappen gliedern.

2 Erste Etappe

Die erste Arbeit von Schülerinnen und Schülern der 6. Klassen beschäftigte sich mit der Karlstraße in Eisenach, heute Fußgängerzone und Hauptgeschäftsstraße, im Mittelalter als Judengasse bezeichnet. Die Kinder brachten ihre geschichtlichen Kenntnisse über das mittelalterliche Eisenach ein und erforschten, welche Geschäfte und Privathäuser bis zur Vertreibung im jüdischen Besitz waren. Es entstand so eine Fotodokumentation mit Straßenplan, Bildern von Häusern und Informationen zu einzelnen Familien. Die Arbeit wurde beim Landeswettbewerb 1996 gewürdigt: Schülerinnen und Schüler erhielten aus der Hand des Kultusministers eine Urkunde und Bücher. Diese Dokumentation wurde bis heute weiter genutzt. Sie regte andere Gruppen an, sich auch mit dem Thema zu befassen.

Die 9. Klasse beschäftigte sich im Schuljahr 1997/98 mit der ehemaligen Synagoge in Eisenach. In Zusammenarbeit mit dem Stadtarchiv entstand nach alten Zeitungsberichten aus dem 19. Jh. eine Grundrißzeichnung von der Innengestaltung dieses Gotteshauses. Kenner der Innenansicht bestätigten uns später, daß diese Zeichnung der Wirklichkeit sehr nahe kommt (es existieren keine Innenfotos davon). Die Schülerinnen und Schüler zogen zum Vergleich noch erhaltene Gebäude aus unmittelbarer Nähe heran, die nachweislich von demselben Baumeister Hahn stammen. Auch unsere Schule wurde von ihm errichtet. Diese Arbeit erhielt einen 3. Preis im

Landeswettbewerb und wurde bei der Eröffnung der „Kleinen Synagoge" in Erfurt ausgestellt.

Gleichzeitig mit der Teilnahme an der Ausschreibung im Herbst 1998 war es mir wichtig, auch an unserer Schule ein würdiges Gedenken an die Schreckensnacht des 9. November zu gestalten. So wuchs von da an die Arbeit an der Spurensuche nach jüdischen Zeugnissen in unserer Heimatstadt über den Religionsunterricht hinaus. Gemeinsam mit Ethik, Deutsch und Geschichte wurde eine Gedenkwoche vorbereitet, die von allen Klassen unserer Schule intensiv genutzt wurde. Vom 9.-13. November wurde im Clubraum der Schule eine Ausstellung aufgebaut, und nach der feierlichen Eröffnung stand diese Ausstellung dann vormittags allen Klassen (auch aus anderen Schulen) und an zwei Nachmittagen zusätzlich anderen Besuchern offen. Entweder ich oder jeweils zwei Schüler/innen standen in dieser Zeit für Erläuterungen zur Verfügung. Natürlich mußte dazu auch durch die Schulleitung einiges geregelt werden. Ausgestellt wurden die Arbeiten über die Eisenacher Karlstraße, die Arbeit über die Synagoge (wir hatten diese Arbeit doppelt angefertigt, einmal für den Landeswettbewerb und einmal für unsere Schule), weiter Informationstafeln über die 1. Eisenacher Begegnungswoche 1995, eine Schülerarbeit über den jüdischen Kinderarzt Dr. Siegfried Wolf aus Eisenach, Arbeiten aus dem Deutschunterricht mit dem Tagebuch der Anne Frank, Dokumentationen über Besuche in Buchenwald. Ein besonders gestalteter Tisch zeigte jüdische Kultgegenstände, ein Büchertisch präsentierte Bücher zum Thema aus Privatbesitz. Es konnte auch ein Kurzvideo über die Gedenkstätte Yad Vashem mit Gesprächen junger israelischer Jugendlicher gezeigt werden. Die Gedenkwoche gestaltete sich wie folgt.

Montag, 9.11.'98
Eröffnung mit Schulleitung und Gästen (Eltern, Schulamt, Stadtverwaltung). Der Stadtarchivar Dr. Brunner würdigte besonders die Arbeit der Schule und überreichte Materialien des Stadtarchivs zu dem Thema, eine Dokumentensammlung als Klassensatz. Auch die Presse war erschienen.

In der folgenden Woche nutzten alle Klassen die Ausstellung mit großem Interesse. Für die Fächer Ethik und Religion hatte ich Arbeitsblätter vorbereitet mit Aufgaben zu den einzelnen Stationen. Leider steht der Clubraum nicht ständig für diese Zwekke zur Verfügung (noch sind unsere räumlichen Bedingungen so begrenzt, daß wir zwischendurch die Materialien in einer kleinen Dachkammer lagern müssen, da der Clubraum auch für Unterricht, Videovorführungen und Versammlungen genutzt werden muß und immer wieder auch für andere Ausstellungen und Präsentationen). Aber – ein Anfang war gemacht, die Verfolgung dieser Spuren wurde fortgesetzt. Ein Besuch der 10. Klasse in der neuen Gedenkstätte „Kleine Synagoge" in Erfurt war sehr eindrucksvoll. Die Schüler/innen konnten dort auch die zahlreichen Arbeiten der anderen Preisträger betrachten und erfuhren an Ort und Stelle vieles über die räumlichen Besonderheiten einer mittelalterlichen Synagoge.

Als im Januar 1999 die Ausschreibung zum Bundeswettbewerb „Zivilcourage" kam, war es fast selbstverständlich, daß wir uns beteiligten. Durch die intensive Beschäftigung mit der „Spurensuche" war in mehreren Klassen immer wieder die Frage aufgetaucht: „Wie verhielten sich eigentlich Eisenacher Bürger/innen während der Pogrome gegen ihre jüdischen Nachbarn?" Durch Quellenstudien, Briefe, Erlebnisberichte, Analysen von historischen Fotos sind wir zu aufschlußreichen Ergebnissen gekommen. Diese habe ich aus den verschiedenen Klassen gesammelt und zusammengefaßt eingereicht. Der Lohn war eine Einladung zur Leipziger Buchmesse. Ich halte es für sehr wichtig für unsere Schüler/innen, daß ihre Arbeit in der Öffentlichkeit Anerkennung findet. Deshalb nutze ich jede Gelegenheit dazu, egal, wieviel Zeit es kostet. Da ist die Vergleichsmöglichkeit mit anderen Arbeiten, da ist das Gespür dafür, wieviele Menschen an diesem Thema interessiert sind, da ist der Stolz, die eigene Schule zu vertreten, und nicht zuletzt ist da die Identifikation mit dieser wichtigen Thematik. So weit hierzu aus der Sicht von Projektarbeit. Wie aber sieht es mit dem Sitz im Unterricht aus? – Bereits der vorige Lehrplan bot in allen Jahrgangsstufen gute Ansätze.

Klassen 5 und 6:
Lehrplanthema 7:   Ein erwähltes Volk – Judentum gestern und heute.
Unsere Umsetzung: Das Leben und der Glaube der Juden, der Weg des Volkes Israel, jüdische Menschen in Eisenach.

Klassen 7 und 8:
Lehrplanthema 17: Ausdrucksformen des jüdischen Glaubens.
Unsere Umsetzung: Symbole, Kultgegenstände, Bräuche, christliche und jüdische Gemeinsamkeiten.

Klassen 9 und 10:
Lehrplanthema 14: Kirche und Staat – Anpassung und Widerstand.
Unsere Umsetzung: Christen und Juden in Europa, Rolle der „Glaubensbewegung Deutsche Christen", jüdische Menschen heute.

Die bis dahin zusammengetragenen Materialien ließen sich immer wieder gut bei den vorgeschlagenen Lehrplanthemen verwenden. Außerdem nutzten wir natürlich ständig weitere Informationsmöglichkeiten, z.B. den Besuch des jüdischen Friedhofs, Ausstellungen des Elisabethgymnasiums oder der Stadt Eisenach u.a.

3 Zweite Etappe

Da ich selbst an den Begegnungswochen unserer Stadt für die jüdischen Bürger teilnehmen konnte, hatte ich immer aktuelles Material. In der letzten Begegnungswoche im September 1999 besuchte uns ganz spontan, außerhalb des Protokolls, Frau Lilo Rosenberg in unserer Schule. Sie kam im Rollstuhl mit ihrer Schwiegertochter und einem Betreuer, und am Haupteingang zeigte sie den Anwesenden unter Tränen, wo man sie verprügelt und von der Treppe gestoßen hatte.

Die intensivste Verbindung mit einer ehemaligen Schülerin unserer Schule kam mit Frau Avital Ben-Chorin zustande. Meinen Schülerinnen und Schülern der 9. Klasse war beim Studium von Zeitungsberichten über jüdische Gäste während der ersten Begegnungswochen aufgefallen, daß die Frau des berühmten Dichters und Religionsphilosophen Shalom Ben-Chorin unter ihrem Mädchennamen Erika Fackenheim von der 1. bis zur 7. Klasse in unsere Schule ging. Wir schrieben ihr einen Brief, den sie sehr freundlich und aufgeschlossen erwiderte (Text S. 116-118). Darin erzählte sie sehr anschaulich über ihre Schulzeit, über gute und schlimme Erlebnisse mit Mitschülern und Lehrern. Dieser Briefwechsel begann etwa in der Zeit, als Shalom Ben-Chorin starb, also im Frühjahr 1999. Mit Beginn des Schuljahres 1999/2000 habe ich ihn an Schülerinnen der 10. Klasse übergeben. Besonders eine Schülerin, Sabine, übernahm mit sehr großem Engagement diese Aufgabe.

Noch während wir darüber nachdachten, wie toll es wäre, sie einmal zu sehen, ergab sich diese Möglichkeit ganz kurzfristig. Sie war auf einer Vortragsreise durch Deutschland und schob zusätzlich drei Tage für Eisenach ein. Nun galt es, in knapp drei Wochen diesen Besuch würdig vorzubereiten. Sie selbst brachte uns auf die Idee, nach Personen zu suchen, die evtl. mit ihr eingeschult worden waren. Nach Information der Stadtverwaltung, welche die Aufenthalts- und Transportkosten übernahm, suchten wir per Zeitungsannonce Schülerinnen, welche die damalige Charlottenschule zwischen 1928 und 1940 besucht haben. Es gingen ca. 25 Anrufe ein, z.T. im Schulsekretariat, z.T. bei mir privat. Jeder Anrufer, jede Anruferin wurde gebeten, uns dabei schon einige wichtige Informationen zu geben. Die Hilfe unserer Schulsekretärin kann man dabei gar nicht hoch genug einschätzen. Außer Name und Anschrift wollten wir wissen, wo sie damals wohnten, wann sie die Charlottenschule besuchten, an welche Lehrer/innen, Mitschüler/innen und besondere Vorkommnisse sie sich erinnern, was sie von ihren jüdischen Mitschülern erfahren haben. Die telefonischen Informationen waren so umfangreich, daß uns klar wurde, das läßt sich nicht alles in einer Veranstaltung unterbringen.

So kam uns folgende Idee, die sich als sehr vorteilhaft erweisen sollte: Zu der Begegnung mit der ehemaligen Mitschülerin Erika Fackenheim luden wir die drei Damen ein, welche direkt mit ihr eingeschult worden waren, und drei Freundinnen, mit welchen sie bis heute engen Kontakt hat. Wer sie außerdem sehen wollte, hatte dazu am Vorabend Gelegenheit, als sie im Bibelcafe über das Lebenswerk ihres Mannes sprach. Den übrigen Personenkreis fragten wir, ob sie bereit wären, mit Schüler/innen unserer 9. Klassen zu einer Gesprächsrunde während des Religionsunterrichts am Nachmittag zusammenzukommen. So saßen sich am Montag zehn Schülerinnen und Schüler sowie ein Herr und vier Damen zwischen 70 und 78 Jahren gegenüber (Foto S. 185). Besonders anschaulich eröffnete Herr Ulrich die Gesprächsrunde, er konnte seine jungen Zuhörer/innen fesseln. Die anderen Gäste stimmten zunächst nur zu, fanden dann aber immer mehr den Mut, über ihre Empfindungen und Erlebnisse zu sprechen. Einige nahmen dabei sehr deutlich wahr, was alles an Betroffenheit, Einsicht oder Verdrängung zu spüren war.

Nun zu unserem Treffen mit Frau Ben-Chorin, welches mit der 10. Klasse Religion vorbereitet worden war (interessierte Gäste aus den anderen Klassen nahmen ebenfalls teil). Der Raum war festlich geschmückt und mit allen bisherigen Arbeiten zum Thema „Judentum in Eisenach" ausgestattet. Die früheren und die jetzigen Schüler/innen und einige Lehrer/innen hatten ganz gemischt Platz genommen, im Vordergrund unser Ehrengast (Foto S. 185). Nach einer ersten kurzen Begrüßung durch unsere Schulleiterin sangen wir gemeinsam, von mir auf dem Keyboard begleitet, das Lied vom Mandelzweig (Liedblätter lagen auf jedem Stuhl). Danach begrüßte Sabine unseren lieben Gast, anschließend ich selber, u.a. sagte ich:

„Nichts ist für unsere Schüler eindrücklicher als solche direkten Begegnungen, um für früheres und heutiges Geschehen aufmerksam zu werden. An den Arbeiten hier sehen Sie, daß wir uns schon einige Jahre mit dem Schicksal jüdischer Menschen, besonders in Eisenach, beschäftigen. Die letzte ist eine bildliche Umsetzung von dem, was Sie und Ihr Ehemann in Ihrem Leben gemacht haben – Brücken zu bauen. Jede Möglichkeit, etwas zum besseren Verständnis für andere Menschen und Religionen zu tun, ist ein kleiner Baustein im Brückenbau zueinander. Diese Aufgabe ist zwar schwierig und der Erfolg liegt nicht auf der Hand, aber trotzdem lohnt sie sich immer wieder, auch wenn es gar nicht so scheint. Vielleicht kann so verhindert werden, daß eben diese Schüler künftig nicht wegsehen, wo Unrecht geschieht oder sogar mitmachen. Denn Gleichgültigkeit führt zu Unwissenheit, zu Dummheit, Dummheit zu Vorurteilen, und Vorurteile führen zu Haß."

Schülerinnen und Schüler brachten nun in einer „Steinmeditation" all die Gedanken zum Ausdruck, welche im Laufe der Vorbereitungen in ihren Köpfen entstanden waren. Wir hatten dazu in der vorderen Mitte des Raumes vor einer großen Vase mit Zweigen auf einem dunkelgrünen Tuch eine Menora und einen gelben Stern angeordnet.

Nun trat jeweils eine Schülerin oder ein Schüler nach vorn und sprach:
- „Ich denke an die jüdischen Kinder, die ihre Eltern verloren haben".
- „Ich denke an die Mütter, denen ihre Kinder genommen wurden".
- „Ich denke an die Menschen, die ihren jüdischen Mitmenschen geholfen haben".
- „Ich denke an die Schüler, die zu ihren jüdischen Mitschülern gehalten haben".
- „Ich denke an die Lehrer, die gerecht zu jüdischen Kindern waren".
- „Ich denke an die Kinder, die heute aus ähnlichen Gründen unter Haß und Verfolgung leiden".
- „Ich denke an die Menschen, die heute noch unter ihren schrecklichen Erinnerungen leiden".
- „Ich denke an die Menschen, die sich für Frieden und Versöhnung einsetzen".
- „Ich denke an die Menschen, die gegen Haß und Gewalt eintreten".

Jeder und jede trat nach vorn, sagte einen Satz und legte danach einen Stein auf das Tuch. Anschließend ergriff Frau Ben-Chorin das Wort. Sie erzählte nicht nur aus ihrer Schulzeit, sondern von ihrem ganzen Leben und dem ständigen Bemühen, zusammen mit ihrem Mann „Brücken zu bauen". Danach ergaben sich beim Betrachten der ausgestellten Arbeiten und beim Gang durch das Schulhaus viele Gesprächsmöglichkeiten. Ganz spontan betrat Frau Ben-Chorin auch den Raum der

8. Hauptschulklasse, die freimütig und interessiert Fragen stellte. Inzwischen hatten wir Lehrerinnen Tische zusammengerückt, und mit einer Kaffeetafel bei selbstgebackenem Kuchen klang dieses besondere Klassentreffen aus.

In den folgenden Tagen haben wir bei unseren Schülerinnen und Schülern noch oft gespürt, wie diese Begegnung in ihnen nachklang. Aber auch Frau Ben-Chorin äußerte danach gegenüber ihrer Freundin, daß dies die schönste Begegnung gewesen sei, die sie bis dahin in ihrer Geburtsstadt hatte.

4 Dritte Etappe

Am letzten Tag der zweiten Begegnungswoche im September 1999 wurde auf dem Synagogenplatz eine Linde gepflanzt. Aus der anfänglichen Idee, für dieses Bäumchen zu sorgen, entstand zwischen unserer Schule und der Stadt Eisenach ein Pflegevertrag über die gesamte Anlage. Am 9. November 1999 übergab der Oberbürgermeister feierlich auf dem Synagogengelände Vertretern unserer Schule diesen Vertrag. Die praktische Umsetzung sieht so aus, daß jede Woche von zwei bis drei Schülerinnen oder Schülern aus dem Religionsunterricht der verschiedenen Klassen die Anlage nach Abfällen abgesucht wird. Die 5. und 6. Klassen gehen gemeinsam mit mir dorthin, die 8. und 9. Klassen arbeiten selbständig. Wenn ich verhindert bin, übernimmt eine Ethiklehrerin diese Aufgabe. Außerdem bepflanzen die 8. Klassen im naturwissenschaftlichen Unterricht zweimal im Jahr die sternförmige Beetanlage und jäten sie zwischendurch. Die Pflanzen stellt das städtische Gartenamt bereit, es sorgt auch für die Bewässerung wie bei den übrigen städtischen Grünanlagen.

Im Juni 2000 entdeckten meine Schüler/innen aus der 5. Klasse Beschädigungen und Hakenkreuze am Gedenkstein (Inschrift: An diesem Ort stand die Synagoge der jüdischen Religionsgemeinschaft Eisenach. Sie wurde am 5. November 1938 von nationalsozialistischen Horden verwüstet und niedergebrannt). Wir meldeten es sofort, gaben uns aber nicht ausschließlich mit dem Dienstweg zufrieden. Die Kinder waren sich gleich mit mir einig, daß wir öffentlich sagen, wie schlimm wir das finden. Die Presse reagierte sehr schnell unter der Schlagzeile „Schüler empört über Vandalen an Synagoge" (Text S. 118). Das brachte uns z.T. Anerkennung, mir und meiner Schulleitung aber zunächst „obrigkeitliche Mißbilligung": Wir durften ein so brisantes Thema demnach nicht an die Öffentlichkeit bringen, ohne vorher unsere übergeordnete Dienststelle, das Schulamt und die Stadtverwaltung um Erlaubnis zu fragen. Ich bin dennoch der Meinung, daß wir richtig gehandelt haben.

Einige unserer Schüler/innen sind sehr wachsam und aufmerksam. So war ein elfjähriger Junge zu einer Aussage gegenüber einem Mitarbeiter der Polizei bereit; er überraschte dort durch seine ernsthafte und sachliche Auskunft. Schüler/innen unserer Schule äußerten sich auch bei einer Reportage des MDR selbstbewußt und kenntnisreich zum Problem des Rassismus und der Konfrontation mit rechter Gewalt. Dies erfordert immerhin eine große Portion Mut, denn sie stehen ja oft – in der eigenen Klasse oder außerhalb der Schule – als Minderheit einer Mehrheit von Gleichgültigen und extrem Rechtsorientierten gegenüber. Ein Zeichen der Reaktion in der Öffentlichkeit war, daß sich nach Bekanntwerden dieser Schändung Eisenacher Bürger/innen zu einer Mahnwache an der Synagoge zusammenfanden. Ein weiteres positives Zeichen war ein Brief des Kultusministers Dr. Michael Krapp, der uns Ende Juli aus Erfurt erreichte (vgl. Text S. 119).

Während der Ferien gab es in Eisenach mehrere ausländerfeindliche Zwischenfälle. Kirchen sowie andere Gruppen und Organisationen organisierten daraufhin Gegendemonstrationen. Immer sah ich dabei auch Schüler/innen unserer Schule. So lag es nahe, daß wir uns an dem „Aktionstag gegen Gewalt" am 1. September auf dem Marktplatz beteiligten, nicht nur durch zahlreiche Anwesenheit, sondern auch mit einem Infostand im Vorraum der Georgenkirche. Wir zeigten dabei die Entwicklung und die neuesten Ergebnisse unseres Projektes „Spurensuche und Brückenbau" an unserer 4. Regelschule. Damit hatten wir weitere wertvolle Erfahrungen demokratischen Handelns sammeln können. Als Schule beteiligten wir uns an der Ausschreibung „Demokratisch handeln", dem Förderprogramm für Jugend und Schule von der Friedrich-Schiller-Universität Jena.

Die Einordnung der zweiten und dritten Etappe unserer Spurensuche in den Unterricht läßt sich nachträglich nur schwer darstellen. Hier waren ja schon die Vorgaben des neuen Thüringer Lehrplanwerkes umzusetzen. Dabei scheint es mir, daß unser „Traditionsthema" im neuen Lehrplan in allen Klassenstufen so angesiedelt ist, daß sich beides gut miteinander verbinden läßt, z.B.:

Klassenstufe 5/6
Pflichtthema 7: Jüdischer Glaube gestern und heute.

Unsere Umsetzung: Die Schüler/innen lernen Stätten in Eisenach kennen, die an das jüdische Leben erinnern; sie wissen, was eine Synagoge ist, kennen die Bedeutung jüdischer Symbole und Bräuche.

Klassenstufe 7/8
Pflichtthema 4: Islam in seinem Verhältnis zum Juden- und Christentum.
Unsere Umsetzung: Die Schüler/innen informieren sich über Gemeinsamkeiten und Unterschiede dieser Weltreligionen, sie denken über die Entstehung von Antisemitismus und Fremdenfeindlichkeit nach. Dieses „Nachdenken" praktizieren wir an einem historischen Foto aus einem Bildband des Stadtarchivs. Es zeigt den Zug von Eisenacher Juden am Hauptbahnhof, und deutlich sind mehrere „Zuschauer" zu sehen. Das Geschehen – die Deportation – wurde im Gespräch erklärt, und danach „lasen" meine Schüler in den Gesichtern der verschiedenen Personen und deuteten ihre Gedanken. Ich denke, ich werde diesen Anknüpfungspunkt wieder verwenden und dann nach der Reaktion von Passanten fragen, als in unserem Bahnhof Eisenach im Sommer 2000 afrikanische Asylbewerber von Skinheads gejagt wurden.

Klassenstufe 9
Pflichtthema 7: Juden und Christen.
Unsere Umsetzung: Die Schüler/innen erfahren von der Judenverfolgung aus der konkreten Eisenacher Geschichte, aber auch von Beispielen der Verständigung in der heutigen Zeit durch persönliche Begegnungen.

Klassenstufe 10
Pflichtthema 2: Christ und Politik im 20. Jh.
Unsere Umsetzung: Die Schüler/innen denken über die Verantwortung der Christen während der NS-Zeit nach; sie erleben, wie sie selbst heute als Christen für die Menschenrechte anderer eintreten können.

Die Schüler/innen konnten viele Möglichkeiten zur eigenen kreativen Auseinandersetzung nutzen, z.B. die anfänglichen Briefkontakte, Dokumentationstafeln und

Collagen, Unterrichtsgänge, Ausstellungen, Pflegearbeiten an der Gedenkstätte, Gespräche und die dazu selber erarbeiteten Fragen bei der Begegnung mit den ehemaligen Schülerinnen und Schülern, Vorbereitung des Besuchs von Frau Ben-Chorin, Auseinandersetzung mit aktuellen Geschehnissen, Pressearbeit usw. Bei all diesen Aufgaben arbeiteten die meisten aktiv und schöpferisch mit, wobei einige wenige sogar in ihrer Freizeit weitermachten. Leider finden sich die oft anspruchsvollen Ergebnisse dieser Arbeiten später nicht immer in den eigenen Aufzeichnungen und Heftern der Schüler/innen, sondern nur in den entstandenen Projekten. Eine weitere Schwierigkeit besteht darin, von der Auseinandersetzung mit konkreten lokalen Beispielen zur Zusammenfassung und Systematisierung zu kommen. Dazu brauchen meine Regelschüler/innen noch mehr meine Hilfe und weiteres Unterrichtsmaterial. Ich muß aber gleichzeitig den Eindruck vermeiden, daß das Thema mehrmals „aufgekocht" wird.

Einige gute Erfahrungen werden wir weiter ausbauen. So wollen wir „Klassentreffen" mit Seniorinnen und Senioren, die vor vielen Jahren unsere Schule besuchten, wiederholen. Im August 2001 wird wahrscheinlich Frau Ben-Chorin mit ihrer Enkeltochter nach Eisenach kommen und dann ganz sicher wieder unsere Schule besuchen. Wir hoffen, daß bis dahin die jetzt begonnenen umfangreichen Sanierungsmaßnahmen beendet sind und wir mehr Platz für unsere Arbeiten haben.

Auf den nächsten Seiten 116-118 folgt ein großer Auszug aus jenem Brief, den Frau Avital Ben-Chorin mir zu Beginn unserer Kontakte aus Jerusalem schrieb.

Avital Ben-Chorin
Ramema, Ariel St. 3
PO. Box 6644
91066 Jerusalem. Israel

An Frau
Gudrun Kurzke
Zum Wehr 5
99817 Eisenach-Stockhausen

Liebe Frau Kurzke,

... Nun will ich versuchen, Ihnen einige Erinnerungen an meine Schulzeit zu erzählen. Im Jahre 1929 wurde ich eingeschult. Ich habe noch ein Foto von der kleinen Erika Fackenheim, so hiess ich damals, mit vier Zuckertüten. Aber gerade eine Zuckertüte hat mir den ersten Schultag sehr verdorben. Unsere Lehrerin war Fräulein Schmiedel. Als erste Aufgabe sollten wir eine Zuckertüte zeichnen. Mir gelang dieselbige nicht allzu gut, zumal ich keine Bundstifte dabei hatte wie manche anderen Kinder. So bekam ich meine erste Note: eine Drei. (Die Noten gingen damals von 1-5). Das war meine erste Enttäuschung, sodass ich mein ganzes Leben nicht mehr zeichnen konnte. Ebenso war es einige Zeit später mit der musikalischen Begabung. Wir alle sangen gemeinsam. Fräulein Schmiedel ging durch die Reihen, tippte auf einige, auch auf mich, und meinte, wir könnten nicht gut singen, was übrigens in meinem Fall gar nicht so ganz stimmte. (Ich wurde später von einem bekannten Musiker für seinen Chor geprüft und aufgenommen.)

Nach der „Prüfung" in der ersten Klasse war ich dann überzeugt, unmusikalisch zu sein und wollte keinen Klavierunterricht, obwohl meine Mutter Pianistin war. Dennoch waren die zwei Jahre bei Fräulein Sch. sonst recht schön, sodass ich gern in die Schule ging. Die Klassen waren noch gemischt, sodass ich täglich von meinem Freund Horst abgeholt wurde und wir ,fuhren' dann in imaginären Autos in die Schule (kein weiter Weg von der Schmelzerstrasse). Im zweiten Schuljahr allerdings wurde ich zum erstenmal mit meinem Judentum konfrontiert. Wir hatten noch keinen Religionsunterricht, unsere Lehrerin wollte aber doch beginnen, uns etwas aus der Bibel zu erzählen. Sie wählte ausgerechnet die Geschichte aus dem NT von der Vertreibung der Wechsler aus dem Tempel. Die bösen Wechsler waren natürlich Juden, der gute Jesus keineswegs. Da ich in einem ganz assimilierten Hause aufgewachsen bin, war mir nur ganz dunkel bewusst, dass ich Jüdin bin. Noch heute sehe ich mich in der Bank sitzen, verlegen auf die Wand schauend, wo ich sitzend meine Schatten sah und wusste: Hier bist du gemeint! Es war ein schweres und prägendes Erlebnis. Bis 1933 hatte ich dann keinerlei Konfrontierungen dieser Art mehr. Lesen und Schreiben lernte ich sehr gut bei dieser etwas altmodischen Lehrerin. Als ich am Anfang einmal mogelte und behauptete, ich könne schon lesen, und aus einem Buch etwas auswendig vortrug, hat sie mich schnell durchschaut, blieb aber lachend freundlich.

Der nächste der Lehrer für die dritte und vierte Klasse (nur noch Mädchen) war Gustav Höhn, ein ganz ausgezeichneter Lehrer, den ich über alles liebte. Er war sehr anregend, las uns während des „Schön-schreibens" Kinder-Romane in Fortsetzung vor, damit wir uns nicht langweilten. Er arrangierte wunderschöne Aufführungen. Meist bekam ich die Hauptrolle, was mich natürlich sehr für ihn begeisterte. Wir lernten aber auch vieles bei ihm, besonders die Grundlagen der Grammatik, bekamen gute Aufsatzthemen. Sein Unterricht gab mir eigentlich eine Grundlage für mein ganzes Leben und meine späteren Interessengebiete. Dieser so prägende Lehrer blieb auch in den ersten Monaten der Nazi-Zeit weiter freundlich und beriet meine Eltern, meinte, ich solle weiter in der Schule bleiben, um später die damals so gute Aufbauschule zu besuchen. Die Namen der Lehrer des fünften und sechsten Schuljahres, die nicht sehr inspirierend waren, sind mir entfallen (ich glaube einer hiess Debes). Im Jahre 1935 bekamen wir als Klassenlehrer den Lehrer Hartmann, und wie es in der Bibel so schön heisst: Wie sein Name, so war er. Er war ein sehr harter Mann. Da dieser Name bei Juden und Nichtjuden üblich ist und er ausserdem eine krumme Nase hatte, vermuteten wir, dass er vielleicht manchmal für einen Juden gehalten wurde. Umsomehr stellte er den Nazi heraus. Er trug täglich ein grosses Hakenkreuz, gehörte allerdings nur dem NSKK an (Nationalsozialistisches Kraftfahrerkorps). Er war der erste, der uns Jüdinnen in der Klasse (wir waren drei) auf eine Extra-Bank setzte, was ihm allerdings bei einer von uns Dreien, die kurzsichtig war, nicht gelang, da es doch noch so etwas wie eine Schulordnung gab. Dieser Lehrer beleidigte uns so oft wie möglich, gab uns Sonderthemen für Aufsätze, um uns keine guten Noten geben zu müssen. Er hetzte die Schülerinnen gegen uns auf, befragte die Schülerinnen gemeinsam mit einem anderen NS-Mann einzeln, ob sie auch den „Stürmer" lesen und empfahl ihnen die Lektüre dieses Hetzblattes.

Heute kann ich sagen, dass gerade dieser Nazi-Lehrer mir eigentlich das Leben rettete. Seine Ansichten waren schlecht, er wollte das gewiss nicht. Meinen lieben Eltern aber wurde klar, dass unseres Bleibens in Deutschland nicht mehr lange möglich sei. Ich selbst hatte im Jahre 1933 meinen Weg zum religiösen Judentum gefunden, begann am jüdischen Gottesdienst teilzunehmen und schloss mich dem zionistischen Pfadfinderbund in Eisenach an. Auf diese Weise machte ich auch meine Eltern mit dem Zionismus bekannt. Sie, die wie mein Grossvater sich in Deutschland ganz zugehörig fühlten, und nun zu Bürgern zweiter Klasse degradiert wurden, waren schnell vom Zionismus überzeugt und wollten mit mir nach Palästina auswandern. Da allerdings die Einwanderung durch die britische Mandatsverwaltung für viele Kategorien schwierig war, wurde es leider unmöglich. Allerdings erfuhren sie von einer Möglichkeit der Einwanderung für Jugendliche und auch einige Kinder in Kinderheime in Palästina. Mit meiner Einwilligung meldeten sie mich für einen Kindertransport an, um wenigstens das Kind zu retten. Da ich in den Vorbereitungswochen in Berlin anfangs 1936 grosses Heimweh hatte, meinte ich, es vielleicht doch nicht durchführen zu können. Wieder zuhause, hatte ich einen Monat Bedenkzeit. Meine Eltern überliessen mir die Entscheidung. Die Furcht vor einer Rückkehr in die Klasse des Lehrers Hartmann war dann ausschlaggebend, und ich entschloss mich als Dreizehnjährige zur Auswanderung. Meine Eltern versuchten, nachzukommen, Grossvater und Eltern besuchten mich im Lande, aber die Einwanderung gelang ihnen nicht. So hat mir wirklich Lehrer Hartmann das Leben gerettet. Meiner Freundin Lilo Rosenberg geb. Silberstein, die mit mir auf der Judenbank sass, gelang die Auswanderung noch nach Ausbruch des Krieges. Zwei andere Freundinnen, die das Lyzeum besuchten, wo sie noch nicht so zu leiden hatten, wollten auch auswandern, aber es eilte nicht so, sodass sie erst zwei oder drei Jahre später zur Vorbereitung nach Holland gingen, wo sie dann der Krieg überraschte. Sie sind beide leider in Auschwitz ermordet worden.

Meine Freundin Lilo verblieb noch in der Schule und hatte es im nächsten Schuljahr sogar etwas leichter, da der Schulleiter (Gruber ?) sich den jüdischen Schülern gegenüber ordentlich verhielt. Schlimm waren auch die Pausen, die man auf dem Schulhof verbrachte. Meist mussten wir in zwei Kreisen das Frühstücksbrot essen, in Zweier-Reihen im Schulhof laufen, ein Kreis für Jungen und ein Kreis von Mädchen. Bei der Gelegenheit gab es immer hämische Bemerkungen gegen die jüdischen Schüler. Nach Schulschluss, mittags, wurde einmal ein invalider jüdischer Schüler besonders angegriffen. Auch mir lauerte einmal eine Schülergruppe (nur Jungen) auf, um mich zu schlagen. Ein kleiner Junge wurde vorgeschickt um mich zu demütigen, ich aber wehrte mich so weit ich konnte. Zufällig kam mein Vater, von der Post kommend, vorbei, kam mir zur Hilfe, was damals noch möglich war.

Sie sehen, das sind traurige Erinnerungen, die aber auch die guten keineswegs ausgelöscht haben.

Sollten Sie oder Ihre Schülerinnen noch Fragen haben, bin ich jederzeit gern dazu bereit, sie zu beantworten, so weit meine Erinnerung reicht.

Über den Lehrer Hartmann habe ich noch einiges in Erfahrung bringen können. Er wurde nach Einmarsch der Amerikaner mit anderen Nazis nach Buchenwald gebracht, jedoch aber bald wieder entlassen und unter dem neuen DDR-Regime wieder als Lehrer eingesetzt. Er hatte sich wieder gleichgeschaltet ...

Schüler empört über Vandalen an Synagoge

Hakenkreuze auf neuer Schrifttafel / Verstärkte Kontrollen

■ Von Peter Rossbach

Eisenach. (ep) „Keinem Eisenacher, egal ob Schüler oder Rentner, dürfen solche schlimmen Zeichen gleichgültig sein". Die Schüler und Lehrer der Goetheschule in Eisenach sind empört darüber, dass unbekannte Täter die neue Schrifttafel an der Gedenkstätte der Eisenacher Synagoge mit Hakenkreuzen beschmiert haben.

Im Jahre 1999 haben die Schüler die Aufgabe übernommen, die Gedenkstätte zu reinigen und zu pflegen. Jede Woche einmal suchen wechselweise zwei Schüler der Klassen 8 den Platz nach Papier und anderem Müll ab. Im naturwissenschaftlichen Unterricht wurde die Anlage neu bepflanzt, zwischendurch das sternförmige Beet gejätet. Dass sie dabei häufig Hundehaufen beseitigen müssen, stört die Schüler schon, die Schändung durch Schmierereien bringt sie aber richtig in Rage. „Wer Hakenkreuze schmiert, bekennt sich zu einer verbrecherischen Organisation, die millionenfachen Mord an unschuldigen Menschen zu verantworten hat", so Lehrerin Gudrun Kurzke.

■ **Stärkere Kontrollen**

Die Schüler fordern die Stadt auf, stärker zu kontrollieren. Und dies will die Stadt auch tun, so eine Mitteilung auf TLZ/EP-Anfrage. „Die Stadtverwaltung verurteilt diesen Vandalismus entschieden". Mittlerweile seien die Schmierereien, die erst wahrnehmbar seien, wenn man direkt vor der Tafel gestanden habe, so gut wie möglich beseitigt. Die Eisenacher Polizei habe Ermittlungen aufgenommen. Derzeit werde in Zusammenarbeit mit der Polizei, die dort sowieso schon verstärkt kontrolliert, zudem geprüft, wie die Gedenkstätte noch intensiver als bisher geschützt werden könne, so dass derartige Beschädigungen möglichst verhindert werden könnten. Nicht kommentieren will die Stadt Überlegungen, an der Gedenkstätte eine Kamera-Überwachung einzuführen. Gleichzeitig fordert die Stadt die Eisenacher auf, sich zu melden, wenn sie Beobachtungen machen.

Aus: Thüringer Landeszeitung, Eisenach, 30.6.2000

Thüringer Kultusministerium
- Minister -

Thüringer Kultusministerium, Postfach 10 04 52, 99004 Erfurt

Frau Schulleiterin
Petra Hötzel
Staatliche Regelschule Johann Wolfgang
von Goethe
Pfarrberg 1
99817 Eisenach

Ihr Zeichen, ihre Nachricht vom	Mein Zeichen, meine Nachricht vom	☎ (03 61) 37 94-600 Datum
		2 6. Juli 2000

Sehr geehrte Frau Hötzel,

der Thüringer Allgemeinen vom 5. Juli 2000 habe ich entnommen, dass Schülerinnen und Schüler der *Staatlichen Regelschule Johann Wolfgang von Goethe* die Aufgabe übernommen haben, die Gedenkstätte der Eisenacher Synagoge regelmäßig zu reinigen und zu pflegen. Wie ich höre, wurde bereits 1995 ein entsprechender Vertrag mit der Stadtverwaltung Eisenach abgeschlossen. In diesem Rahmen wurde die Anlage neu bepflanzt, sie wird zudem regelmäßig von Papier und Müll gereinigt.

Dies ist ein sehr verdienstvolles Engagement der Schülerinnen und Schüler Ihrer Schule. Ich möchte dafür allen Beteiligten meine Anerkennung aussprechen. Es ist wichtig, dass Sie diesen Einsatz weiterhin fortsetzen – auch vor dem Hintergrund von Provokationen und Hakenkreuzschmierereien durch Neonazis, die mit ihrem Unwesen dem öffentlichen Ansehen und der politischen Kultur unseres Landes erheblich zu schaden versuchen. Goethe sah sich als Weltbürger. Das Engagement Ihrer Schülerinnen und Schüler ist insofern sicher im Sinne des Namensgebers Ihrer Schule.

Mit freundlichen Grüßen

Dr. Michael Krapp

Werner-Seelenbinder-Straße 1	Telefon (Zentrale):	(03 61) 37 900	Bankverbindung (Staatshauptkasse Thüringen)
99096 Erfurt	Telefax:	(03 61) 34 59 652	Landeszentralbank Erfurt
	Internet-Adresse:	www.thueringen.de/tkm	BLZ 820 000 00, Kto. 820 015 00
Im Thüringer Kultusministerium gilt gleitende	e-mail-Adresse:	tkm@thueringen.de	
Arbeitszeit.			
Bitte Termine vereinbaren.			

Hans-Werner Fechner

Tauschbörse: Freizeit – Arbeit

Ein Entscheidungsspiel

1 Vorbemerkungen

„Der Abbau der Arbeitslosigkeit ist einzig und allein Aufgabe der Regierung, der Gewerkschaften und der Arbeitgeber!"
„Ich bin so dankbar, daß ich meine geregelte Arbeit und mein monatliches Einkommen habe!"
„Für die Arbeitslosen muß unbedingt etwas getan werden. So geht es nicht weiter. Da muß man ja bald um seinen eigenen Arbeitsplatz bangen!"

Solche und andere Bemerkungen werden in Gesprächen, auf Tagungen, in Seminaren oder im Kreis von Kolleginnen und Kollegen über das Thema „Arbeitslosigkeit" gemacht. Daraufhin wird dann nicht selten zur Tagesordnung übergegangen. Es ist erstaunlich, mit welcher Selbstverständlichkeit viele von uns als „Nichtbetroffene" reagieren. Arbeitslosigkeit als eine Notsituation geht uns eigentlich alle an und muß auch von uns allen getragen bzw: bewältigt werden. Dazu brauchen wir so viele Helfer/innen wie möglich, und das erreichen wir zum einen durch Sich-hineinversetzen in die Situation von Arbeitslosen (soweit das möglich ist), zum anderen durch Bewußtmachen des Problems. Beides gehört zusammen. Neben den Medien, der Schule, dem Stammtischgespräch haben wir in der Kirche die Chance, mit vielen Menschen zusammenzukommen, um in aktueller und personenbezogener Form am Aufbau von weiterführenden Vorstellungen, also von Imagination mitzuwirken und dadurch neue Wege zu denken und vorzubereiten. Eine entsprechende Methode soll das folgende Entscheidungsspiel für Gruppen bieten.

Der eine oder andere mag vielleicht über die Verbindung von „Spiel" und „Arbeitslosigkeit" den Kopf schütteln, wird aber das Anliegen eher verstehen, wenn er/sie das „Spiel" bis zum Ende miterlebt hat.

2 Spielanleitung

Vorgaben:

- Es sollten nicht mehr als 30 Personen im Alter ab 14 Jahren mitspielen, die in einem Kreis oder offenen Rechteck an Tischen Platz nehmen.
- Jede/r Mitspieler/in benötigt einen Stift zum Schreiben.
- Jede/r Mitspieler/in erhält eine Nummer.
- Der Spielleiter sitzt an einem Tisch an der offenen Seite des Rechtecks und ist „Tauschbörsenmakler". Als solcher ist er neutraler Gesprächsleiter, der *auf keinen Fall* seine Meinung während des Spieles äußern darf. Gleichwohl sollte er sich laufend Notizen über s.E. wichtige Spielvorgänge machen, um sie beim nachfolgenden „Auswertungsgespräch" einbringen zu können.
- Vor Beginn des Spiels werden aus der Mitspielerrunde zwei bis drei Beobachter/innen berufen, die das Verhalten, die Äußerungen sowie die Abläufe des Spiels notieren, um sie später (jeweils nach einer Spielphase) vorzutragen.
- Die einzelnen Spielphasen sind deutlich voneinander zu trennen und erst nach den Beobachterberichten und evtl. Gesprächen zwischen den Teilnehmer/innen neu zu eröffnen.
- Jede/r Mitspieler/in erhält zu Beginn des Spiels vom Spielleiter achtmal eine zweistündige Spielaktie, so daß 16 Stunden eines 24stündigen Tages durch Freizeit oder Arbeit ausgefüllt werden können.
- Bei 30 Personen werden mindestens 200 Freizeit- und 200 Arbeitsaktien benötigt (Kopiervorlage S. 125).

3 Der Spielverlauf

Spielphase „Überfluß"

- Jede/r Mitspieler/in wählt acht Aktien (je zweistündig) beim Tauschbörsenmakler aus den Bereichen „Arbeit" oder „Freizeit" für einen Tagesablauf.
- Nach der Wahl der acht Aktien an der Tauschbörse, die vom Spielleiter verwaltet wird, notiert jede/r auf jeder Aktie die Tätigkeit, die er/sie in den jeweiligen Stunden durchführen will (mindestens drei Tätigkeiten je Aktie).
- Die gewählten Aktien und Tätigkeiten werden durch die einzelnen Teilnehmer/innen vorgelesen.
- Die Beobachter/innen berichten.

Spielphase „Einschränkungen"

- Bestimmte Nummern/Namen (drei bis fünf Mitspieler/innen) erhalten nacheinander die Mitteilung, daß sie aus Gründen der Kurzarbeit zwei Arbeitsaktien an der Tauschbörse abgeben und gegen zwei Freizeitaktien eintauschen müssen, die sofort schriftlich mit mindestens drei Tätigkeiten versehen werden, *wenn nicht andere Teilnehmer/innen freiwillig eigene Arbeitsaktien zum Tausch anbieten oder auf Anfrage abgeben.*
- Bei getauschten Arbeitsaktien dürfen die bereits eingetragenen Tätigkeiten nicht geändert werden.
- Die Beobachter/innen berichten.

Spielphase „Notstände"

- Wiederum werden bestimmte Nummern/Namen aufgerufen (fünf bis acht), die alle Arbeitsaktien abgeben müssen und dafür vom Spielleiter Freizeitaktien erhalten. Diese Freizeitaktien können in der Teilnehmerrunde getauscht werden, wenn die Bereitschaft zur Abgabe besteht.
- Tätigkeiten werden auf den neuen Freizeitaktien eingetragen.
- Die Beobachter/innen berichten.

Spielphase „Hoffnungsschimmer"

(Wenn nicht noch eine verstärktere „Notstandssituation" durch einen weiteren o.g. Vorgang erzielt werden soll.)

- Die Tauschbörse bietet acht Arbeitsaktien mit folgenden Tätigkeiten an:
  2 x Aktien: Arbeit in einem Atomkraftwerk.
  2 x Aktien: Arbeit als Entsorger im Klärwerk.
  2 x Aktien: Arbeit als Müllfahrer.
  2 x Aktien: Arbeit als Stuntman.
- Die Beobachter/innen berichten.

Spielphase „Stagnation"

- Die Tauschbörse schließt, da keine Bewegungen mehr festzustellen sind.
- Die Beobachter/innen berichten.

- Berichte und Stellungnahmen der einzelnen Teilnehmer/innen zum Spiel bzw. zu den einzelnen Spielphasen.
- Auswertung und Konsequenzen, Überlegungen und Vergleiche zur Realität.

4 Erfahrungen mit diesem Spiel

Wo dieses Spiel auch gespielt wurde – in 10. Klassen der Haupt- oder Realschulen, einer Propstei- oder Landessynode, mit Diakoninnen und Diakonen oder in Jugend- und Erwachsenenkreisen einer Kirchengemeinde – immer gab es ein ähnliches Stimmungsverhalten. Nach einer anfänglich neugierig und gelockerten Bereitschaft, sich auf das erwartete Spielergebnis einzulassen, begleitet von halbernsten Bemerkungen und einigen Nachfragen zur Organisation, entwickelte sich das Spielverhalten immer mehr zum ernsthaften Bemühen, nicht zur Gruppe der Betroffenen zu gehören. Es wurde immer stiller und nachdenklicher in der Runde. Gesichter veränderten sich, nahmen angespanntere Züge an. Die Lockerheit ging immer mehr verloren und spätestens bei der Spielphase „Notstände" zeigten die meisten Mitspieler/innen, daß sie vom ernsten Hintergrund des Spiels gefangen waren. In erstaunlich kurzer Zeit waren die Teilnehmer/innen in die Rolle von Menschen hineingenommen worden, die um ihren Arbeitsplatz besorgt sind und kämpfen. Sie suchten – egal ob Schüler/innen oder Erwachsene – im Rahmen dieser Imagination mit großem Ernst nach Lösungen.

Dabei ergaben sich z.B. in der 10. Klasse einer Realschule im Nachgespräch/in der Auswertung folgende Erkenntnisse, die mit großer Ernsthaftigkeit vorgetragen wurden:
- Froh sein, wenn man Arbeit hat (5).
- Flexibler sein, sich umstellen können (10).
- Man muß auch die Arbeit tun, die man nicht mag (6).
- Man begreift, wie kostbar Arbeit ist (5).
- Man muß ein Leben lang dazulernen (4).
- Arbeit kann man von einem Augenblick zum anderen verlieren (2).
- Arbeitslose sind bereit, jede Arbeit zu übernehmen (3).
- Ohne Arbeit hätten wir nichts (1).
- Menschen ohne Arbeit sind verzweifelt (1).
- Man sollte sich mit mehr Arbeit absichern für den Fall, daß man sie verliert (4).
- Offen sein für alle Berufe (2).

- Es ist schwer, Arbeit zu finden (1).
- Die Arbeitgeber sollen nicht so knausrig sein und mehr Arbeit verteilen (1).
- Arbeitslosigkeit kann jeden treffen (3).
- Wir sollten alle mit der Arbeit zufrieden sein, die wir haben (1).
- Man muß egoistisch sein und darauf achten, daß man seine Arbeit nicht verliert (1).

Am Ende der für das Spiel erforderlichen Doppelstunde kamen die Schüler/innen und die beteiligte Lehrerschaft u.a. zu dem Ergebnis, daß dieses Spiel fächerübergreifend in Religion, Arbeit/Wirtschaft und Sozialkunde vertiefend ausgewertet werden müßte. Während dieses Spiel im schulischen Feld die Schüler/innen grundsätzlich einstimmen, sie der Wirklichkeit möglichst nahe bringen und mit der Problematik konfrontieren sollte, hatte die „Tauschbörse" bei den Erwachsenen erweiternd das Ziel, ihnen ihre bereits bestehende Mitverantwortung deutlich vor Augen zu führen und die Frage nach dem eigentlichen Lebenssinn stellen zu lassen. Bei allen erlebten Spielen dieser Art mit Menschen unterschiedlichster Altersgruppen ergab sich immer die Grundfrage „Ist (muß) Leben nicht mehr (sein) als Arbeit ...?"

5 Welche Rolle/Bedeutung hat Imagination bzw. imaginatives Lernen bei diesem Spiel?

Obwohl die Strukturen (Situationsbeschreibung/Arbeitsanweisungen/Beobachtungen/Spielleitung) einen bestimmten Rahmen festlegen, ergeben die Vorgaben genügend „Spielräume" für klare Positionen, Meinungen und Entscheidungen. Dabei sind sicherlich auch kreative Zugänge durch die Teilnehmer/innen möglich und gegeben, aber aus den Erfahrungen mit den durchgeführten Spielen verbleibt in vielen Fällen der Eindruck, daß von Schülern wie auch von Erwachsenen gesellschaftlich gewachsene Meinungen, durch Erziehung vermittelte Festlegungen und übernommene Vorurteile die Gesprächsbeiträge bestimmen. Erst bei den nachfolgenden Überlegungen und Auswertungen des Spiels wird durch die Spielgruppe die Suche nach „neuen Wegen" deutlich und werden bestehende Gewohnheiten hinterfragt.

AKTIE

2 STUNDEN FREIZEIT

AKTIE

2 STUNDEN ARBEIT

Ruth Berger, Doris Fechner, Hans-Werner Fechner

„Selbst ist die Frau, selbst ist der Mann!" – Eine Propstei stellt sich dem gesellschaftlichen Umbruch!

Ein Planspiel

1 Vorbemerkung

Dieses Spiel haben wir für den ersten Abend eines Propstei-Diakoniewochenendes selber entwickelt (Probstei Vechelde am 5.2.'99 im Haus Hessenkopf bei Goslar). Thema des Wochenendes war: „Selbst ist die Frau, der Mann ...!" Oder: „Die Probstei Vechelde stellt sich dem gesellschaftlichen Umbruch". Teilnehmer/innenzahl: ca. 65 Erwachsene zwischen 30 und 75 Jahren.

2 Spielziele und Vorgaben

Es ist schon eine besondere Herausforderung für eine Spielleitung, 60-80 Personen im Alter zwischen 30 und 75 Jahren durch ein Planspiel für das o.g. Thema eines Wochenendes einzustimmen, fremde Menschen dazu zusammenzuführen und für ein motiviertes Erarbeiten von aktuellen Praxisvorschlägen für die Arbeit in der Kirchengemeinde zu gewinnen. Dabei sollte der spielerische Gedanke trotz des sehr ernsthaften Themas nicht verlorengehen, eine gewisse Leichtigkeit beim Umgang mit der Fragestellung erhalten bleiben und die persönliche Bereitschaft des Miteinander-Arbeitens erreicht werden, kurz: das Ganze sollte kreativ sein.

Einfache Schritte der Begegnung und des Austausches sollten erste Kontakte schaffen, Hemmungen zur Gesprächsbereitschaft beseitigen und zur Öffnung für das gemeinsame Finden von Problemlösungsstrategien beitragen. Neben einfachen sprachlichen Spielschritten mußten handlungsorientierte Angebote gemacht, Ideen zum fröhlichen gemeinsamen Tun berücksichtigt und sachlogische, themenbezogene Phasen bedacht werden, die langsam sich steigernde Herausforderungen beinhalteten. Davon ausgehend, daß die Teilnehmer/innenrunde – Mitglieder aus Kirchenvorständen, Gemeindediakonie-Ausschußvertreter/innen und anderen ehrenamtlichen kirchlichen Funktionären – von sich aus stark an dem Thema interessiert waren, erschien nicht die Akzeptanz der Überschrift ein Problem zu sein, sondern eher die Suche nach einem allgemein verständlichen methodischen Weg, um die vielfältigen und unterschiedlichen „Lernausgangslagen" zu berücksichtigen. Bei den Vorgaben und der Aufteilung in einzelne Phasen wurde deshalb auf Übersichtlichkeit, kurze Erklärungen, knappe Arbeitsanweisungen und wenige Hilfsmittel geachtet.

3 Die einzelnen Spielphasen

Erste Phase: Erstkontakte/Begegnungen

Die Teilnehmerrunde sitzt im Kreis auf Stühlen; mit Beginn einer Hintergrundmusik erheben sich alle und gehen durch den Raum, ohne den Kreis zu verlassen; bei den folgenden Musikpausen „begegnen" sich jeweils zwei gegenüberstehende Personen, stellen sich vor, nennen die aufgeführten Fragen und beantworten sie.

1. Was wünschen Sie sich? – Was mögen Sie überhaupt nicht?
2. Was tun Sie bei Insektenstichen?
3. Welche besonderen Fähigkeiten trauen Sie mir zu?
4. Wie wollen Sie den Jahrtausendwechsel erleben?
5. Wie bekommen Sie ohne Hammer einen Nagel in die Wand?
6. Welches Kostüm empfehlen Sie mir für die kommende Faschingsfête?
7. Auf welche Art und Weise entspannen sie sich besonders gut?

Anschließend setzen sich alle wieder auf die Stühle im Kreis.
<u>Zeitdauer für die erste Phase</u> (incl. Einführung in das Spiel, Bekanntgabe der Spielregeln, Begrüßung, Vorstellung der Spielleitung etc.): 20 min.
<u>Materialien:</u> Cassettenrecorder, Musikcassette, Mikro, Verlängerungskabel.

TEILNEHMER-RUNDE

Zweite Phase: Cliquenbildung

Erster Schritt:
Durchzählen der Teilnehmerrunde. Die Personen, die jeweils eine 1 oder 2 oder 3 im Einerbereich „gezogen" haben, setzen sich um bereits auf dem Fußboden befestigte Nummernschilder zusammen, so daß sich bei den o.g. 65 Personen 10 Gruppen in der Stärke von 6 bis 7 Personen bilden.

Zweiter Schritt:
Innerhalb von 5 Minuten muß die jeweilige Gruppe aus Zeitungspapier/Tesakrepp eine möglichst lange Kette (Papierringe ineinander) anfertigen, die dann innerhalb des Gruppenkreises ausgelegt wird.
Zeitdauer für die zweite Phase: 10 min.
Materialien: Tesakrepp und Pappen (DIN A 4) für die Nummernschilder auf dem Fußboden sowie 10 Tesakreprollen und Zeitungspapier für die Ketten.

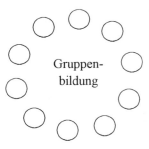

Dritte Phase: Verstärkungen

Erster Schritt:
„Sich etwas auf die Fahnen schreiben ..."
Innerhalb von 5 Minuten fertigt die jeweilige Gruppe aus Pappe, einer Stange, Tesakrepp und Filzstiften einen Ständer an, der mit einem Symbol und drei Leitsätzen versehen sein muß; er wird an einem Stuhl des Kreises befestigt.

Zweiter Schritt:
Innerhalb von 5 Minuten bastelt sich jedes Gruppenmitglied ein Gruppenabzeichen aus Wollfäden und Sicherheitsnadeln.

Dritter Schritt:
Innerhalb von 5 Minuten entwickelt die jeweilige Gruppe einen gemeinsamen gruppentypischen Vorschlag für die kommende 2000-Jahrfeier (ohne Material).
Zeitdauer für die dritte Phase: 20 min.
Materialien: 10 Pappen, 10 Holz- oder Bambusstangen, 10 Rollen Tesakrepp, 10 Filzstifte, Wollfäden, Sicherheitsnadeln (65).

Vierte Phase: Über den Tellerrand blicken ...

Ein sehr kleiner Brief trifft ein, der jeweils an die einzelne Gruppe verteilt wird, den gleichen Inhalt hat, aber nur mit der Lupe bzw. nur mühevoll gelesen werden kann. In ihm steht, daß die Energieknappheit und die geringer werdenden Finanzmittel uns zwingen, mehr zusammenzurücken.

Erster Schritt:
Die Aufforderung im Brief, daß sich aufgrund der neuen Situation immer zwei Gruppen zusammenfinden müssen, zwingt zur allgemeinen Kontaktaufnahme und zur entsprechenden Entscheidung der Gruppen (5 min.).

Zweiter Schritt:
Die neuen „Doppelgruppen" finden sich zu einer gemeinsamen Runde zusammen, indem sie die Stühle zu einem neuen Kreis zusammenstellen und ihre Ketten zu einer gemeinsamen Kette zusammenschließen (5 min.).
Zeitdauer der vierten Phase: 10 min.
Materialien: 10 Briefe mit gleichem Inhalt, Lupen.
Brieftext: Sehr geehrte Kirchengemeinden!
               Energieknappheit und sinkende Finanzeinnahmen zwingen uns, Sie umgehend aufzufordern, mit einer anderen Kirchengemeinde einen Zusammenschluß herbeizuführen! Ihre Kirchenleitung

Fünfte Phase: Notzeiten

Eine Papier- oder Zeitungsrolle fliegt in den jeweiligen Kreis der neugebildeten fünf „Doppelgruppen"; darin liegt ein Zeitungsartikel, der auf die immer schwierigere Finanzknappheit hinweist.

Text:

„STEUERREFORM HALBIERT KIRCHENSTEUER-EINNAHMEN DER LANDESKIRCHE"

Braunschweig, den 5.2.99
Das Landeskirchenamt der Ev.-luth. Landeskirche in Braunschweig teilte mit, daß die zu erwartende Steuerreform die Kirchensteuermittel der Landeskirche halbieren wird, so daß im nächsten Jahr die Kindergärten in kirchlicher Trägerschaft geschlossen werden müßten, die Gebäude in kirchlichem Eigentum zur Hälfte verkauft würden und die Zahl der hauptamtlichen Mitarbeiter um die Hälfte gesenkt werden würde.
Die Kirchengemeinden sind aufgefordert worden, umgehend Vorschläge für die zukünftige Arbeit unter den neuen Bedingungen zu entwickeln.

Aufgabenstellung:
Entwickeln Sie innerhalb der nächsten 15 Minuten für die o.g. drei Bereiche jeweils einen Vorschlag, den Sie nachher vortragen können.
Zeitdauer der fünften Phase: 20 min.
Materialien: 5 Zeitungsrollen mit dem o.g. Text.

Sechste Phase: Neue Perspektiven?

Auf einem Tisch in der Mitte dér fünf „Doppelrunden" ist eine kleine „Radiostation Okerwelle" aufgebaut (Cassettenrecorder / Mikrophon). Alle Gruppen werden nacheinander aufgefordert, ihre Vorschläge der Öffentlichkeit über „Radio Okerwelle" mitzuteilen.
Zeitdauer der sechsten Phase: 10 min.
Materialien: Cassettenrecorder / Mikrophon / Schild „Radio Okerwelle".

Siebente Phase: Gemeinsame Überlegungen

Im Rahmen eines „Synoden-Hearings" werden die Konsequenzen, Möglichkeiten, Vorschläge und Ideen für die Bewältigung der kommenden Situation diskutiert. Dazu wird die Sitzordnung so geändert, daß ein Vorstandstisch mit drei Plätzen einem Auditorium gegenübersteht. Der Vorstandstisch wird besetzt durch den/die Vorsitzende/n und jeweils eine Pro-und-Contra-Person (der Vorstandstisch sollte durch die Spielleitung besetzt werden, 3 Personen).

• Der/die Gesprächsleiter/in eröffnet das Hearing, indem er/sie kurz in die Situation einführt und dann die beiden „Fachleute" mit ihren Pro- und Contra-Meinungen zu Wort kommen läßt.
• Pro-Grundmeinung: Alles kein Problem, Na und ...? Schicksal! Geht uns doch kaum etwas an! Dafür haben wir doch das Landeskirchenamt!
• Contra-Grundmeinung: Da müssen wir unbedingt etwas tun! Wir haben doch eine Mitverantwortung! Sind wir nicht die Kirche?
• Danach kommen Stimmen aus dem Auditorium zu Wort. Nach ca. 10 Minuten wird zu einem Empfehlungsbeschluß aufgefordert. Das geschieht entweder durch einen vorbereiteten Vorschlag aus dem Publikum oder die Gesprächsleitung provoziert durch die zusammenfassende Bemerkung: „Da keine Beschlußvorschläge kommen, sollten wir dieses Hearing abschließen und die Situation auf uns zukommen lassen. Oder?"
Wichtige Anmerkung: Der Empfehlungsbeschluß soll dann als fiktiver Vorschlag an die Landessynode gegeben werden.
Zeitdauer der siebenten Phase: 20 min.
Materialien: Vorbereitete Statements der Pro- und Contra-Redner.

Hiermit schließt das Planspiel.

Schlußbemerkungen / Hinweise / Ergänzungen / Tips:
1. Gesamtzeitdauer des Planspiels: 110 min.
2. Ergänzt werden könnte der Spielablauf, indem die Spielleitung die einzelnen Phasen durch soziologische, gesellschaftskritische Anmerkungen begleitet/provoziert.

4 Erfahrungen mit dem Spiel

Mit der freudigen Erwartung, bekannte Gesichter wiederzusehen, interessanten Menschen aus anderen Kirchengemeinden zu begegnen, Anregungen für die eigene Arbeit zu erhalten oder einfach einen fröhlichen Abend zu erleben, öffneten sich selbst die zurückhaltenderen Teilnehmer/innen zu Beginn des Spieles und machten mit. Mit Schmunzeln, Hallo und lustigen eigenen Nebenbemerkungen bewältigte man die erste Spielphase. Der eine oder die andere Teilnehmer/in „riskierte" einen aufmunternden Zwischenruf, so daß die zweite Phase bereitwillig angenommen wurde und deren Durchführung durch die Gruppenbildung/Gemeinschaft noch eine weitere Stützung erfuhr. Selbst ein eventuelles individuelles „Versagen" wurde durch die Leistung der Gruppe/Gemeinschaft überdeckt/überspielt.

Die dritte Phase verstärkte den Gruppenprozeß und gab einzelnen Mitspielerinnen/ Mitspielern einen weiteren Anstoß, sich leichter einzubringen. Die vierte Phase veränderte die Leichtigkeit des Spiels und die Lockerheit des Spielverhaltens in der Teilnehmerrunde. Hier kam der „Ernst des Lebens" ins Spiel. Spontanität, Frohsinn und spielerischer Eifer wichen sachlichem Engagement, intensivem ernsthaftem Überlegen bis hin zum Erschrecken. Da war es unbedingt erforderlich, daß die Gruppe als Gemeinschaft Schutz und Halt bot und gemeinsame Entscheidungen gefordert waren. Während der siebenten Phase kam es zum „Offenbarungseid". Das Modell „Kirche im Kleinen" stellte sich dar. Das Meinungsspektrum reichte von „nicht zuständig" bis zu konkreten Veränderungs-/Verbesserungsvorschlägen und eröffnete durch einen nicht zustande kommenden Empfehlungsbeschluß die Erkenntnis, dringend tätig werden zu müssen, Überlegungen für die Zukunft der Kirche anzustellen, aktiv zu werden. Das war eine gute Ausgangslage für die inhaltliche Auseinandersetzung mit dem Thema in der Fortschreibung des Wochenendes und die zukünftige Arbeit in den Kirchengemeinden vor Ort!

5 Wo sind die kreativen Chancen des Spiels?

Unter der Vorgabe, daß der Ordnungsrahmen des Spieles, die Spielregeln und die Hilfsmittel/Materialien das Spielfeld für die unterschiedlichsten Fähigkeiten, Ideen und Ansätze boten, bestand zu jeder Zeit für jeden Einzelnen die Chance, sich kreativ einzubringen. Dennoch bestimmten zu Beginn des Spiels gruppendynamische Zwänge das Geschehen, emotionale Befindlichkeiten beeinflußten die Reaktionen und ersten Orientierungsbemühungen sowie die individuellen Aktivitäten. Erst im Laufe des Spieles „riskierten" es Teilnehmer/innen verstärkt, eigene Ideen und Gedanken zu äußern. Beim Wechsel der Spielschritte vom scheinbar fröhlichen Anlaß des gemeinsamen Tuns hin zum ernsthaften Gefordertsein überwogen meist gewachsene Positionen und Meinungen. Die persönliche Bereitschaft und Fähigkeit (?), sich kreativ diesen Herausforderungen zu stellen, kam sehr verhalten zum Ausdruck. Das Ungewohnte, Belastende, Erschreckende nahm den Teilnehmer/innen teilweise den Atem, ließ die Teilnehmerrunde vorsichtig bis verzagt reagieren bzw. taktieren. Dennoch war in der Folge des Spieles in Gesprächen zu hören, „ ... daß dieses ‚Spiel' doch einiges bewegt hat", aber „ ... eigentlich ist es gar kein so richtiges Spiel gewesen!"

Silke Christiane Köser

„Ihr seid das Salz der Erde" – Betrachtungen über eine Werkstatt mit Schülerinnen und Schülern in Jena

1 Vorbemerkung

Am 12. Juli 1999 nahm die Religionspädagogik in der Theologischen Fakultät der Friedrich-Schiller-Universität Jena zum ersten Mal an einer Sommer-Imaginata[1] teil. Die Imaginata hat in Jena mittlerweile eine mehrjährige Tradition und erfreut sich bei allen Beteiligten großer Beliebtheit, denn hier werden neue, imaginative Wege des Lernens[2] beschritten. Während in den letzten Jahren besonders naturwissenschaftliche Phänomene im Vordergrund standen, hat die Imaginata inzwischen ihr Programm erweitert, so daß auch religionspädagogische Aktionstage einen Platz finden. Unter dem Motto „Verwandlungen" fand eine „Werkstatt Bibel"[3] zu dem Vers aus der Bergpredigt statt: „Ihr seid das Salz der Erde" (Mt 5,13). Sie wollte neue Zugänge zu biblischen Texten eröffnen sowie kreative Wege des Verstehens und Lernens mit Jugendlichen, Studierenden und Lehrenden entdecken.

Einer Einordnung des biblischen Verses in die Komposition der Bergpredigt soll zunächst eine genauere Betrachtung des Begriffs „kreatives Lernen" folgen, um dann anhand eines Werkstattberichtes Einsicht in die kreativen Lernprozesse zu geben, die in dieser Bibel-Werkstatt im Mittelpunkt standen. Abschließend soll der Frage nachgegangen werden, ob kreatives Lernen auch im schulischen Kontext seinen Platz hat.

2 Die Bergpredigt – eine kreative Komposition des Matthäus

Für die religionspädagogische Arbeit mit Jugendlichen, die gar nicht oder wenig in ihrem bisherigen Leben mit biblischen Texten in Kontakt gekommen sind, bietet die Bergpredigt eine besondere Chance. Der Text Mt 5-7 erweckt in seiner jetzigen

---

[1] Zu Strukturen und Zielen der Sommer-Imaginata vgl. Gundula Irmert-Müller: Die Sommer-Imaginata in Jena. Pädagogik, 51. Jg., Heft 7-8, 1999, S. 28-31.

[2] Vgl. Peter Fauser: Was ist „imaginatives Lernen"? Pädagogik, 51. Jg., Heft 7-8, 1999, S. 6-9.

[3] Zur Definition, Funktion und Methodik der „Werkstatt Bibel" vgl. Klaus Petzold: Woher und wozu dieses Buch? in: Klaus Petzold (Hg.): Werkstatt Religionspädagogik. Kreative Lernprozesse in Schule und Gemeinde. Band 1. Leipzig 1998, S. 9-24, besonders S. 11.

Gestalt den Eindruck, als ob es sich um eine Predigt Jesu handele.[4] Tatsächlich ist die Bergpredigt eine kreative kompositorische Leistung des Matthäus, der in diesem Text die grundlegenden Inhalte der Lehre Jesu so arrangiert hat, daß der Eindruck entsteht, es handele sich um eine durchgängige Predigt. Die einzelnen Textabschnitte – z.b. Seligpreisungen, Antithesen, Bildworte – sprechen für sich allein, verweisen aber immer auch auf ihren unmittelbaren Kontext. So bieten sie die Möglichkeit eines Einstiegs in das Evangelium und in andere Texte der Bibel. Das Bildwort ‚Ihr seid das Salz der Erde‘ richtet sich an die Adressaten der Seligpreisungen und verweist damit auf den vorhergehenden Textabschnitt. Im nachfolgenden Textabschnitt, den sogenannten Antithesen, wird gezeigt, wie sich Salz und Licht entfalten können und sollen. Damit steht Mt 5,13 nicht nur im Zentrum des Spannungsbogens von Seligpreisungen und Antithesen, sondern auch im Zentrum von Zuspruch und Anspruch.

3 Kreatives Lernen – mehr als nur ein Modebegriff?

Kaum ein pädagogisches oder didaktisches Handbuch kommt heute ohne den Begriff ‚kreativ‘ aus. ‚Kreativität‘ erscheint als eine der Zauberformeln, die alle von einem Unterricht befreit, der weder die einen noch die anderen zufriedenstellt. Was dabei unter Kreativität verstanden wird, läßt sich nur schwer auf einen Nenner bringen. Und auch diejenigen, die lautstark mehr Kreativität im Unterricht fordern, sind sich oft nur darin einig, daß etwas anders werden soll. Für die einen scheint Kreativität ein Begriff zu sein, der primär mit dem produktorientierten Unterricht und der Gestaltung verschiedener Collagen, Comics, Gedichte, Texte etc. verbunden ist[5], wobei sich kreative Zugangsweisen deutlich von meditativen Ansätzen abheben.[6] Für die anderen entspricht kreatives Lernen dem ganzheitlichen Lernen, bei dem der gestalterische Aspekt einer unter vielen ist.[7]

---

[4] Eine ausführliche exegetische Betrachtung von Mt 5,13 und der Bergpredigt insgesamt ging der Werkstatt voraus, soll aber hier aus Platzgründen unterbleiben. Vgl. aber z.B. Udo Schnelle: Einleitung in das Neue Testament. Göttingen 1994, S. 256-278. – Ulrich Becker; Friedrich Johannsen; Harry Noormann: Neutestamentliches Arbeitsbuch für Religionspädagogen. Stuttgart 1996². – Reinhard Feldmeier: Die synoptischen Evangelien. Das Matthäusevangelium, in: K.-W. Niebuhr (Hg.): Grundinformation Neues Testament. UTB 2108, Göttingen 2000, S. 75-98.

[5] Vgl. Almut Löbbecke (Hg.): Die Fundgrube für den Ethik- und Religionsunterricht. Berlin 1999, S. 141-183.

[6] Löbbecke: a.a.O., S. 9.

[7] Vgl. Michael Thanhoffer; René Reichel; Reinhold Rabenstein: Kreativ unterrichten. Möglichkeiten ganzheitlichen Lernens. 3. Aufl. Münster 1997, S. 9.

Auch in der Religionspädagogik kann ein wachsendes Interesse an kreativen Lernprozessen seit den 70er Jahren festgestellt werden. Ein Überblick über die wesentlichen Einflüsse in den 70er Jahren liegt bereits vor[8]. In jüngster Zeit sind mehrere Arbeiten zur Religionspädagogik erschienen, die sich das Ziel gesetzt haben, kreatives Lernen in der Schule zu fördern.[9] An dieser Stelle möchte ich exemplarisch zwei neuere Beispiele für „kreatives Lernen" in der Religionspädagogik vorstellen.

Horst Klaus Berg hat 1997 einen Beitrag zur Freiarbeit im Religionsunterricht veröffentlicht, in dem kreatives Arbeiten als das grundlegende Element des Freien Lernens postuliert wird. Freies Lernen hat eine prozeßbezogene und eine gegenstandsbezogene Dimension. Neben der Entwicklung von allgemeinen Kenntnissen wie der Vermittlung von Techniken, der Planung und Durchführung von Arbeitsvorhaben und der Erarbeitung eigener Lösungswege nimmt die Schulung kreativer Kräfte einen großen Raum ein.[10] Unter kreativer Arbeit wird die kreative Organisation des eigenen Tuns verstanden, d.h. eine Loslösung von starren, traditionellen Abläufen hin zu eigenständiger und selbständiger Arbeit. Besonders für die Erschließung der Welt des Glaubens betrachtet Berg die Schulung kreativer Kräfte als eine notwendige Bedingung.[11] Allerdings sieht auch er die Gefahr, daß kreatives Lernen in seiner Verkürzung auf motorische Geschicklichkeit zu „banalem und ziellosem Aktionismus"[12] werden kann.

In dem von Engelbert Groß und Klaus König 1996 herausgegebenen Band „Religionsdidaktik in Grundregeln" erhält kreatives Lernen ein besonderes Gewicht.[13] Dem Religionsunterricht fällt die Aufgabe zu, „Wahrnehmungs- und Alltagsschule"[14] zu sein und neben seinem bildungspolitischen Anspruch auch einen ästhetischen Bildungsanspruch zu verwirklichen. So wird gefordert, daß der RU den

---

[8] Einen Überblick über die Bemühungen um das kreative Lernen im Religionsunterricht bietet K. Petzold, a.a.O., S. 14-22.
[9] Vgl. u.a. Peter Kliemann: Impulse und Methoden. Anregungen für die Praxis des RU. Stuttgart 1997. – Löbbecke, a.a.O. – Hans Schmid: Die Kunst des Unterrichtens. Ein praktischer Leitfaden für den RU. München 1997. – Horst Klaus Berg: Freiarbeit im RU. Konzepte – Modelle – Praxis. Stuttgart; München 1997. – Engelbert Groß; Klaus König (Hg.): Religionsdidaktik in Grundregeln. Leitfaden für den RU. Regensburg 1996.
[10] Vgl. H. K. Berg: Freiarbeit, S. 32ff.
[11] Vgl. H. K. Berg: Freiarbeit, S. 58ff.
[12] H. K. Berg: Freiarbeit, S. 67.
[13] Vgl. Groß/König, a.a.O., S. 12-29.
[14] Vgl. Groß/König, a.a.O., S.14.

Lernenden verschiedene Erfahrungsmöglichkeiten bieten soll, damit ist z.b. in Anlehnung an Hartmut von Hentig gemeint: projektartiges Lernen, Symbolisieren-lernen, kreative Bibelarbeit, Lernen außerhalb des Klassenzimmers, Stille-Erfahrungen und ein Lernen mit allen Sinnen[15]. Interessant ist, daß diese Ansätze zu einem „entschulteren"[16] und damit verbesserten Lernen führen sollen. Die Annahme, daß solch ein methodisches Vorgehen etwas ist, was grundlegend zur Schule dazuge-hört, wird hier also nicht vertreten.

Die ästhetische Bildung wird von den Autoren besonders akzentuiert. Neben der Förderung der ästhetischen Wahrnehmungsfähigkeit, d.h. einer Sensibilisierung für unterschiedliche Dimensionen von Welt und Leben, wird die Förderung der ästheti-schen Gestaltungsfähigkeit als Ausdruck menschlicher Freiheit betont; dazu gehören Spielen, Musizieren, Malen, Erzählen, Plastizieren, Textgestaltung und rhythmische Bewegung.[17] Grundlage der ästhetischen Bildung ist die Ganzheitlichkeit[18], begrenzt wird sie von den menschlichen Sinnen, die einerseits „Tore zur Welt" und anderer-seits „Tore zur Innenwelt" des Selbst sind.[19] Kreatives Lernen wird hier nicht als Selbstzweck verstanden, sondern steht im Dienst einer Religionsdidaktik, die nachhaltig Aufmerksamkeit und Interesse wecken will. Es wird davon ausgegangen, daß „innere Vorgänge, vertiefende Eindrücke, Wahrnehmungen, Lebensstile, Botschaften und Gemeinsamkeiten"[20] einer äußeren Form bedürfen. Gerade religiö-se Erfahrungen, die nicht gestalterisch umgesetzt werden, drohen wieder zu ver-schwinden.

Die hier vorgestellten neueren Beiträge zur Diskussion verstehen kreatives Lernen als ganzheitliches Vorgehen, das weit über die Engführungen hinausgeht, die den Begriff in pädagogischen Diskursen allgemeinerer Art kennzeichnen. Kreatives Lernen und Erleben wird als notwendige Bedingung für die Erschließung und Verarbeitung religiöser Erfahrungen anerkannt. Es ist grundlegender Bestandteil schulischen Lernens und erfüllt in diesem Kontext eine wichtige Funktion, d.h. aber, daß sich kreatives Lernen nicht eo ipso rechtfertigt, sondern immer in Bezug zu den

---

[15] Vgl. Groß/König, a.a.O., S. 20.
[16] Ebd.
[17] Vgl. Groß/König, a.a.O., S. 21.
[18] Der Begriff der Ganzheitlichkeit wird hier primär auf didaktische Prozesse bezogen, d.h. neben der kognitiven Dimension sind auch alle nicht-kognitiven Dimensionen von Lernen und Erfahrung eingeschlossen.
[19] Groß/König, a.a.O., S. 24.
[20] Groß/König, a.a.O., S. 25.

Unterrichtszielen sowie der Lebenswelt der Beteiligten steht. Es ist eine Arbeitsform, die sowohl in der Spannung zwischen Individuum und Gruppe, Selbstorganisation und Vorgaben als auch Prozeß und Produkt steht und die aus diesem Balanceakt ihre Kraft schöpft.

4 Ein Blick in die Werkstatt

Werkstattgeschichten sind schwierig zu erzählen, denn sie haben naturgemäß keinen richtigen Anfang. Werkstätten beginnen lange vor ihrem Termin ein Eigenleben in den Köpfen der Planenden und wenn sie gelingen, haben sie auch kein konkretes Ende, denn die dort gewonnenen Einsichten, Fähigkeiten und Erfahrungen müssen sich erst im Alltag bewähren, werden dort geprüft, verworfen, bestätigt oder gefestigt. Gute Werkstattgeschichten haben auch mehr als einen Handlungsstrang, der sich einfach erzählen ließe, sondern bewegen sich auf den Ebenen der Gruppenerfahrungen, der Erlebnisse des Einzelnen, des „offiziellen" und des „inoffiziellen" Geschehens, sie berichten von Versuchen, die scheitern und die gelingen, und solchen, die erst im Nachhinein als gelungen oder gescheitert erkannt werden können. Solche Werkstattgeschichten berichten auch vom Werkstattwetter, das die Teilnehmer in Euphorie oder Apathie versetzt und von Werkstattpannen, die unweigerlich dazugehören. Gute Werkstattgeschichten haben somit einen Nachteil – sie sind eigentlich nicht zu erzählen. Damit ist aber eine wesentliche Eigenschaft dieser Arbeitsform bereits benannt: Sie lebt von der Aktivität der Teilnehmenden und lebt „in" der Aktivität der Teilnehmenden.

Unter diesen schwierigen Prämissen soll dennoch versucht werden, Einblick in die „Werkstatt Bibel" mit dem Thema „Ihr seid das Salz der Erde" zu geben, die am 12. Juli 1999 in der Stadtkirche St. Michael in Jena stattfand.[21] Lehrende und Studierende der Theologie/Religionspädagogik hatten sich der Aufgabe gestellt, an Mt 5, 13 einmal anders als im herkömmlichen Unterricht zu arbeiten. Mit der Wahl einer kreativen Herangehensweise sollte eine Brücke geschlagen werden zwischen der kreativen kompositorischen Leistung des Matthäus und der Alltagskreativität der Beteiligten, denen die Möglichkeit geboten werden sollte, sich diesen Text in seinen Bezügen, seinen Brüchen und in seiner Vielgestaltigkeit zu erschließen.

---

[21] Da die Gruppen in getrennten Räumen arbeiteten, kann hier hauptsächlich über Erfahrungen aus der Gruppe Collage und die gemeinsamen Teile der Werkstatt berichtet werden.

Schüler und Schülerinnen der Klassen 7-12 waren aufgefordert, sich auf das Wagnis einzulassen und sich als Einzelperson oder als Klassenverband für diese Werkstatt anzumelden. Ein vorher verteiltes Infoblatt verriet nur, daß ein gemeinsamer Beginn am Morgen in der Stadtkirche stattfinden sollte, daß es verschiedene Gruppen geben würde, die sich dem Thema mit Tanz, Collage, Pantomime und Textarbeit zuwenden wollten und daß eine Abschlußpräsentation in der Kirche am Abend vorgesehen war.

Bereits der gemeinsame Beginn in der Stadtkirche bot für die ca. 40 Jugendlichen neue Eindrücke. Viele betraten nach langer Zeit oder zum ersten Mal einen Kirchenraum. Die Werkstattgruppe hatte die Kirche für sich allein – die Jugendlichen waren also in der Überzahl – und das gemeinsame Singen und Beten zum Beginn des Tages fand nicht verstreut in den Bänken statt, sondern wurde im Kreis im Altarraum begangen. Nachdem sich alle auf die einzelnen Gruppen verteilt hatten, bezogen diese Kleingruppen ihre Tagesräume. Zunächst sollten alle einander kennenlernen, um zu einer Arbeitsgruppe zusammenzuwachsen. Zu diesem Zweck erhielten die Gruppenmitglieder den Auftrag, ein Interview mit einem ihnen unbekannten Gruppenmitglied zu führen und anschließend im Plenum ein Kurzportrait ihres Interviewpartners vorzustellen. Diese Übung verursachte nicht nur viel Heiterkeit, die dem Abbau von Unsicherheiten diente, sondern sie ermöglichte auch, daß innerhalb kurzer Zeit viel Informationen über die einzelnen Mitglieder der Gruppe zugänglich wurden und sich bereits erste Vorlieben bzw. Abneigungen für Themen oder Arbeitsweisen abzeichneten.

In einer ersten Gesprächsrunde wurde schnell klar, daß nur wenigen der 15 Teilnehmerinnen und Teilnehmern der Vers aus Mt 5 bekannt war und daß auch sein Kontext – die Bergpredigt – für die meisten Neuland war. In die Gruppe wurden einige Informationen zur Bergpredigt gegeben, aber es wurde bewußt auf detaillierte Wissensvermittlung verzichtet. Ziel einer solchen Werkstatt muß sein, daß die Schüler/innen eigene Zugangsweisen zum biblischen Wort entdecken können und nicht bereits vorher auf bestimmte Wege eingewiesen werden.

Der Vormittag diente der Gruppe zur näheren Beschäftigung mit dem Salz: Was ist Salz? Wozu ist es notwendig? Wann schadet es? Wem nützt es? Wer kann über das Salz verfügen? – Diese Fragen wurden innerhalb der Gruppe im Gespräch selbst aufgeworfen und gemeinsam beantwortet. Schnell wurde die Kostbarkeit des Salzes zu einem zentralen Punkt in der Diskussion. Vor dem gemeinsamen Mittagessen wurden die einzelnen Gruppenmitglieder noch einmal zu Reportern, die auf Jenas Plätze und Straßen zogen und Passanten nach ihrer Meinung zu dem Satz befragten: „Ihr seid das Salz der Erde". Damit sollte ihnen die Möglichkeit geboten werden, sich langsam an die verschiedenen Bedeutungsebenen des biblischen Verses heranzutasten, ohne direkt selbst Stellung beziehen zu müssen.

Eine eigenständige Annäherung an Mt 5,13 fand nach dem gemeinsamen Mittagessen im Innenhof der Friedrich-Schiller-Universität statt. Durch den Vormittag sensibilisiert für die verschiedenen Bedeutungsinhalte des Wortes „Salz", erarbeitete die Gruppe erste Deutungsmöglichkeiten des Bibelverses und die sich daraus ergebenden Konsequenzen. Dabei war beeindruckend zu beobachten, wie die Gruppe mit dem Zuspruch bzw. der Verheißung und dem Anspruch bzw. der Verpflichtung des Wortes umging und diese Spannung in den Diskussionen aufrechterhielt.

In Kleingruppen wurde später probiert, diese Spannung in dreifacher Weise umzusetzen: in Figuren aus Salzteig, in Zeichnungen und in Bildern. Für diese Bilder wurde Haushaltssalz mit Schulfarben gefärbt und anschließend auf Papier aufgetragen, das mit Kleister eingestrichen war. Diese Technik zwingt dazu, Dinge zu abstrahieren, da Details nur schwer möglich sind. Alle Teilnehmenden hatten die Möglichkeit, auf diese Weise alle angebotenen Gestaltungsmittel auszuprobieren und verschiedene Ausdrucksformen für ihr Verständnis und ihren Umgang mit dem Vers zu finden. So ist es auch zu erklären, daß ganz verschiedene Artefakte geschaffen wurden. Den einzelnen Schülern und Schülerinnen war hierdurch zudem die Chance geboten, auch Widersprüchliches festzuhalten. Nachdem zunächst bewußt darauf verzichtet war, Meinungen und Positionen zu verbalisieren, konnte im Anschluß an die Erarbeitungsphase jeder und jede die eigene Arbeit kommentieren und Kommentare einfordern.

Werkstattprodukte können immer nur unzureichend beschrieben werden, da sie sehr viel Persönliches beinhalten, was sich der Verbalisierung entzieht. Dennoch soll an dieser Stelle zumindest kurz versucht werden, das Entstandene zu beschreiben. Die angefertigten Zeichnungen hatten besonders den Anspruch des Wortes zum Thema. Das Salz der Erde soll Veränderungen bewirken, die sich auf den Umgang der Menschen mit der Umwelt – und hier besonders der Umweltverschmutzung – und den Umgang der Menschen untereinander beziehen. Die Zeichnungen wiesen dabei besonders auf mangelnde Toleranz, Vorurteile, Unterdrückung und Egoismus hin.

Auffällig war jedoch, daß fast alle Zeichnungen neben diesen Forderungen nach Veränderung auch die Kostbarkeit des Salzes hervorhoben, indem sie es immer wieder gestalterisch mit dem Gold in Verbindung setzten.

Die entstandenen Bilder sind Visionen einer besseren Welt, die z.B. mit dem Symbol der Palme arbeiten. Mehrere Jugendliche bildeten aus vielfarbigen und vielgestaltigen Salzflecken eine Form. Die Kommentare zu den Bildern betonten die Wünsche nach einem Zusammenleben, das unterschiedliche Lebensweisen akzeptiert und fördert – ein Thema, das gerade in der Adoleszenz von Bedeutung ist. Die geformten Salzteigfiguren wurden zur Präsentation so angeordnet, daß sie die Schnittstellen eines stilisierten Salzkristalls bildeten. Die einzelnen Schülerarbeiten wurden durch dieses Arrangement zu einem Ganzen.

Die Präsentation der „Prozeßergebnisse" fand am Abend in der Stadtkirche statt. Alle Gruppen stellten vor, was sie im Lauf des Tages ausprobiert und herausgefunden hatten. Die Gruppe Tanz präsentierte den „Tanz der Salzkörner", die Gruppe Pantomime stellte eindrucksvoll die Wirkung des Salzes dar und die Jugendlichen, die in den Salzstädten Bad Kösen und Bad Sulza gewesen waren, präsentierten Eindrücke aus dem Gradierwerk sowie selbstgeschriebene Salzmärchen und mitgebrachte Sole.

Die Werkstatt Bibel „Ihr seid das Salz der Erde" war für die Jugendlichen und die Organisatoren ein Wagnis. Während die Jugendlichen nicht wissen konnten, was auf sie zukommt, waren auch wir unsicher, welche Jugendlichen kommen würden, welche Voraussetzungen und Erwartungen sie mitbringen würden, wie sie unsere Angebote nutzen und was sie aus diesem Tag machen würden. Es war daher verständlich, daß am Morgen Skepsis das Bild prägte. Am Abend wurde sie aber von der Überraschung abgelöst, wie intensiv und vielfältig sich die Gruppen mit Mt 5,13 auseinandergesetzt hatten.

Diese Werkstatt ist ein Beispiel, was unter kreativem Lernen konkret verstanden werden kann. Sie hat sich bemüht, schülerorientierte Zugänge zu einem Thema zu finden, die Raum für Individualität ließen und dennoch im sozialen Kontext einer Gruppe entwickelt wurden. Sie bot Platz für Versuche, ließ Widersprüche zu und verließ bewährte Pfade, um neue zu finden. Die rein kognitive Ebene des Lernens wurde durch ein erfahrungsbezogenes Lernen ergänzt, das sich in den verschiedenen Ausdrucksmöglichkeiten seine „Form" immer wieder neu suchen konnte – sei es die getanzte, die geformte, die gemalte oder die getextete Gestalt.

5 Kreatives Lernen – Sonntags- oder Alltagspädagogik?

Das vorgestellte Beispiel für den kreativen Umgang mit einem biblischen Wort fand außerhalb des schulischen Kontextes statt. Langfristige Planungen bezüglich der Räumlichkeiten, der didaktischen Aufbereitung, der Materialien und die Mitarbeit von zahlreichen Studierenden haben dazu beigetragen, daß dieser Versuch gelang. Damit stellen sich aber die Fragen, ob solche Ansätze in der Schule aufgrund der gegebenen Möglichkeiten überhaupt realisierbar sind, welche Funktionen sie im Kontext des schulischen Religionsunterrichts erfüllen können und weshalb sie für den Religionsunterricht notwendig sind.

Friedrich Schweitzer spricht von „unsicheren Verhältnissen"[22], wenn er die Situation der Religionspädagogik am Ende des 20. Jh. betrachtet. Die Ausgangssituation des Religionsunterrichtes scheint aus einem komplexen Bündel von höchst differenzierten Rahmenbedingungen zu bestehen. Man kann diese Entwicklung mit den Begriffen Postmoderne, gesellschaftliche Pluralisierung und Individualisierung oder Globalisierung bezeichnen.[23] In der schulischen Situation werden aus diesen Abstrakta schnell Konkreta: Religionsunterricht findet in stark heterogenen Lerngruppen statt. Die einzelnen Schüler unterscheiden sich sehr in dem, was sie an religiöser Sozialisation in die Schule „mitbringen". Eine große Anzahl von Jugendlichen in den Neuen Bundesländern besucht den Religionsunterricht, weil er eine Alternative zum Ethikunterricht bietet; konkrete inhaltliche Vorstellungen oder konfessionell-religiöse Kenntnisse sind meistens nicht vorhanden.[24] Der Religionsunterricht steht damit verstärkt auf dem Prüfstand des einzelnen Schülers und der einzelnen Schülerin: Kann der Unterricht mir etwas bieten, was ich für mein Leben gebrauchen kann?

Religionsunterricht soll unter diesen Bedingungen Kenntnisse vermitteln, ökumenisches und interreligiöses Lernen ermöglichen sowie eine „Elementarisierung" bieten, „die einer Pluralität der Erfahrung und der Lebensstile gerecht werden soll"

---

[22] Friedrich Schweitzer: Unsichere Verhältnisse. Religiöse Erziehung in der Pluralität: Was gibt es Neues in der Religionspädagogik? Zeichen der Zeit 10/1999, S. 6-9.

[23] Vgl. F. Schweitzer: a.a.O., S. 6.

[24] Es ist m.E. aber ein vorschnelles Urteil, wenn man hier von a-religiösen Schülern spricht. Vielmehr können wir davon ausgehen, daß hier individualisierte religiöse Vorstellungen vorliegen, die sich jenseits konfessioneller Grenzen bewegen. Vgl. dazu auch Thomas Luckmann: Die unsichtbare Religion, Frankfurt 1996³.

und die „Vielfalt von Expressivität und Imagination" wahrnimmt.[25] Wer dabei noch versuchen möchte, die Balance zwischen der Individualität der einzelnen Schüler/innen und der Sozialität der Gruppe zu wahren, kommt schnell an die Grenzen herkömmlicher Unterrichtskonzepte.

Das mehrdimensionale Erarbeiten eines Themas oder eines biblischen Verses in Kleingruppen bietet gute Bedingungen, die verschiedenartigen Vorkenntnisse, Bedürfnisse und Ansprüche der Schüler zu würdigen und dennoch gemeinsam einen Bereich zu erfahren und zu erarbeiten. Konfessionelle Bindungen geraten in den Hintergrund, denn jeder Schüler nimmt das neu Erfahrene auf der Basis seines Wissens und seiner eigenen Religiosität wahr. So kann z.b. ein intensives Arbeiten mit dem biblischen Vers „Ihr seid das Salz der Erde" bei den einen durchaus zu einer Beschäftigung mit den „klassischen" Themen des Religionsunterrichts führen, während andere darin zunächst einen Anstoß zu weiterem expressiven und imaginativen Lernen sehen.

Innerhalb der schulischen Strukturen ist es meistens nicht möglich, ganze Projekttage oder sogar -wochen einzuplanen, die der Arbeit an einem Themenschwerpunkt gewidmet sind. Aber selbst im Rhythmus der normalen Schulstunden gelingt es, immer wieder Phasen einzubauen, die solche mehrdimemsionalen Erfahrungen zulassen. Pantomimisches Spiel, Collagen und das Gestalten von Figuren benötigen am Anfang zwar mehr Zeit, bei wiederholtem Einsatz zeigt sich jedoch, daß die Einteilung in Gruppen, die Verteilung von Aufgaben und die Planung der Abläufe von den Beteiligten immer routinierter und selbständiger durchgeführt wird.[26]

Ein solches kreatives Lernen ist aber kein „neuer" religionspädagogischer Ansatz, der sich neben die Ansätze der Symboldidaktik, der Korrelationsdidaktik etc. stellt. Hier soll vielmehr versucht werden, verschiedene religionspädagogische Ansätze für die Arbeit an einem Thema fruchtbar zu machen, um so eine vielschichtige Lernerfahrung zu ermöglichen. Ein Religionsunterricht, der sich dem Anspruch stellen möchte, neben traditioneller Wissensvermittlung Jugendlichen auch eine Orientierungshilfe in der Phase der Adoleszenz zu bieten, ist auf mehrdimensionales Lernen angewiesen. Gemeinsam können hier alle Beteiligten die notwendige „Ver-

---

[25] F. Schweitzer: a.a.O., S. 7.
[26] Besonders eindrücklich konnte ich das an der Jenaplan-Schule in Jena erleben. Der Religionsunterricht wird hier nur in Projektform erteilt.

knüpfung von Tradition und Situation, von Überlieferung und Erfahrung, von Theologie und Pädagogik"[27], die aufgrund der heterogenen Ausgangsbedingungen gefordert ist, anstreben und dabei einen (Lern-)Raum schaffen, der allen offen steht und für dessen Gestaltung alle Beteiligten gemeinsam Verantwortung übernehmen.

---

[27] Schweitzer: a.a.O., S. 7.

Hanne Leewe

Ich will von Gott und der Welt erzählen.
Biblische Erzählfiguren in einem Werkkurs

1 Ich schreie, aber meine Hilfe ist fern

In der Mitte des Stuhlkreises liegt auf dem Boden ein Stein. Auf dem Stein kniet eine dreißig Zentimeter große Figur, die Arme in die Leere oder zum Himmel gereckt, die Haare wirr. Die Figur hat kein Gesicht, sie spricht nur durch ihre Körpersprache (Foto S. 186). Die Frauen, die um diese Schreiende herum sitzen, äußern – manche sehr vorsichtig und zögerlich – was ihnen zu dieser Gestalt einfällt. Sie hören den dritten Vers aus dem Psalm 22: Ich schreie, aber meine Hilfe ist fern. Sie erzählen – manche verschlüsselt, andere sehr offen, wie sie selbst Angst gehabt haben und um Hilfe geschrieen haben. Es bedarf fast keiner Aufforderung, die eigenen Geschichten zu erzählen. Offenbar lässt die Figur in der Mitte eigene Bilder in den Teilnehmerinnen dieser Bibelarbeit aufsteigen, die sie in der ruhigen Atmosphäre der Runde auch ausdrücken können.

Als alle Geschichten erzählt sind, geht der Psalm weiter. Die oder der eben noch um Hilfe geschrieen hat, hat Hilfe gefunden. Er oder sie sagt nicht, was geschehen ist, aber das Gebet endet so (22, 23 und 25):

> Ich will deinen Namen kundtun, ich will dich rühmen.
> Denn du hast nicht verachtet noch verschmäht das Elend der Armen,
> und dein Antlitz nicht verborgen vor ihnen.
> Und als ich zu dir schrie, hast du's gehört.

Es schließt sich spontan ein Gespräch an, wie es zu dieser Wendung gekommen sein kann. Hat es eine solche Wendung auch für die vorher erzählten Geschichten gegeben? Könnte es sie auch für die noch nicht zum Positiven gewendeten Geschichten geben? Und was ist mit denen, auf deren Schreien überhaupt niemand hört? Könnten die Klagepsalmen der Bibel gerade darum aufgeschrieben worden sein, um Klagenden Mut zu machen, eine Wendung zu erhoffen und gegebenenfalls auch einzufordern?[1]

---

[1] Vgl. zu Psalmen als Grundschule der Hoffnung jetzt Ingo Baldermann: Auferstehung sehen lernen. Entdeckendes Lernen an biblischen Hoffnungstexten. Wege des Lernens, Bd. 10, Neukirchen-Vluyn 1999, S. 27-41.

2 Egli-Kreativ-Kurs

Die Frauen, die um die Schreiende herum sitzen und ihre Geschichten der Figur in den Mund legen, sind Teilnehmerinnen eines Egli-Werkkurses. Sie bauen an einem Wochenende biblische Erzählfiguren, nach ihrer Schöpferin „Egli-Figuren" genannt. Aus Sisaldraht, einem Hartschaumklotz und Bleifüßen entstehen an zwei oder drei arbeitsreichen Tagen Figuren, die einmal das Erzählen biblischer Geschichten unterstützen sollen (Zeichnung S. 157; Foto S. 187).

In den Ausschreibungen ist dieser Werkkurs in der Abteilung „Kreativität" zu finden, denn natürlich ist es ein kreativer Akt, diese Erzählfiguren nach eigenen Ideen herzustellen. Aber nicht allein oder in erster Linie dieser schöpferische Akt berechtigt zur Aufnahme eines Artikels über Egli-Erzählfiguren in die „Werkstatt Religions-Pädagogik". Für die religionspädagogische Arbeit ist ein anderes kreatives Geschehen noch wichtiger: Die Figuren animieren, eigene Bilder zu biblischen Gestalten und Geschichten entstehen zu lassen – bei Erzählenden wie bei Zuhörenden. Sie tun dies auf verschiedene Weise:

• Die Figuren provozieren eine Identifikation mit den biblischen Figuren, die damit zu Darsteller/innen der eigenen Fragen, Ängste und Hoffnungen werden können. Aber die Figuren erlauben zugleich Distanz, anders als etwa bibliodramatische Ansätze oder Formen von Körperarbeit, die viel mehr Selbstoffenbarung verlangen. Es ist eine vorsichtige Annäherung, bei der sich jede/r Teilnehmer/in hinter der Figur verstecken kann, wenn sie oder er dies will.

• Die Figuren helfen, eigene Bilder entstehen zu lassen, durch radikale Konzentration. Aus einer handlungsreichen biblischen Geschichte wird eine kurze Szene ausgewählt und dargestellt. Zum Beispiel aus der Geschichte von der Geburt, Aussetzung auf dem Nil und Rettung des Mose nur der Augenblick, in dem die Mutter das Kind aussetzen muß. Konzentration bedeutet auch den Verzicht auf viele Requisiten, auf weitere Figuren. Hier geht es nur um die eine Figur – die Mutter des Mose – in dem einen Augenblick, in dem sie ihr Kind aussetzt.

• Das dritte und für mich wichtigste Kennzeichen der Arbeit mit Egli-Figuren ist die Verlangsamung. Eine als zentral ausgewählte Szene bleibt während der ganzen Bibelarbeit stehen. Was im biblischen Text kaum einen Hauptsatz füllt und schon zum nächsten Handlungsschritt weiterdrängt, bleibt hier eine Stunde, zwei Stunden stehen, solange eben diese Bibelarbeit dauert. Zeit, dieses Bild immer wieder, immer wieder neu und von allen Seiten wahrzunehmen. Zeit, eigene Bilder entstehen zu lassen und im Gruppengespräch in Worte zu fassen (oder in anderen Formen auszudrücken). Diese Verlangsamung erscheint mir besonders in der Arbeit mit Kindern wichtig, die enorme Fähigkeiten haben, sehr schnell wechselnde Bilder aufzunehmen, aber nicht bei stehenden und ruhigen Bildern aushalten können.

Zu den Egli-Werkkursen gehören immer auch Bibelarbeiten, so daß sie kreativ im beschriebenen doppelten Sinne sind: neben der Kreation von zwei oder drei Figuren üben wir den Umgang mit den eigenen Bildern, die von den Erzählfiguren provoziert werden. Einige solcher Bibelarbeiten will ich auf den folgenden Seiten vorstellen. Sie zeigen unterschiedliche Zugangsweisen und narrative Methoden, sie zeigen aber auch, wie die Absicht und die Theologie der Erzählenden das Gruppengeschehen bestimmt – gut, wenn die Erzählerin dies weiß und nicht verheimlicht.

3 Perspektivenwechsel

Die Identifikation mit einer biblischen Figur legt perspektivisches Erzählen nahe. Biblische Texte erzählen fast immer aus der Perspektive von Erwachsenen und meistens aus der von Männern. Für Kinder oder Frauen wird es leichter, eigene Bilder in sich zu entdecken, wenn ihnen eine kindliche oder weibliche Identifikationsfigur angeboten wird. Dies kann ein methodisches Hilfsmittel sein, wenn zum Beispiel die Tochter des Zachäus oder seine Frau erzählen, wie sich ihr Leben verändert hat seit dem Besuch Jesu. Die Aussage des Textes verändert sich dadurch nicht.

Anders ist es bei der folgenden Geschichte. Rebecca, die Mutter der Zwillinge Jakob und Esau, erzählt aus ihrer Sicht von dem Kampf um den Segen des Vaters Isaak. Ihre Sicht ist eine andere als die der biblischen Autoren, für die dieser Segen nur eine Episode im Heilsplan Gottes ist. In der Geschichte, die in einem Werkkurs entstanden ist, ist Rebecca nicht willenloses Werkzeug. Für sie sind eigene Interessen im Spiel, sie verfolgt eigene Ziele.

4 Rebecca und der Segen (1 Mose 27, 1-45)

Die Szene: eine alte Frau kniet auf dem Boden, vor sich eine Schale mit Brotteig. An ihrer Kleidung ist zu erkennen, daß sie keine arme Frau ist.

Die Erzählung zu diesem Bild:

Ich sitze hier, vor meinem Zelt, knete den Teig für unser Brot. Teigkneten ist eine gute Arbeit. Dabei habe ich Zeit zum Nachdenken. Nachdenken über alles, was war. Über das, was lange zurückliegt und doch noch lange nicht erledigt ist. Und immer wieder die Frage: Was hätte ich denn tun sollen, damals? Als Isaak merkte, daß er nicht mehr lange leben würde, als er seinen Segen, seinen Besitz, seine Macht weitergeben wollte an seinen Sohn. An seinen Sohn, der ja auch mein Sohn ist.

Ich weiß es noch, als wäre es gestern geschehen: Ich hörte, wie Isaak nach Esau rief, dem ältesten Sohn: „Esau, mein Sohn, ich bin alt und meine Kräfte lassen nach. Ich bin fast blind und müde. Ich will dich segnen, du sollst übernehmen, was bisher meins war. Geh hinaus, jage ein Stück Wild, bereite mir ein Essen daraus, wie ich es gern habe. Damit will ich mich stärken. Und dann will ich dich segnen."

Esau also; ja sicher, Esau ist der ältere, ein paar Minuten älter nur als Jakob, aber eben der Erstgeborene. Esau soll Herr werden über unsere Familie, über unsere Sippe, über Menschen und Tiere – nach Isaaks Willen. Esau, der Kämpfer. Er wird für uns kämpfen, wird um die besten Weideplätze streiten, die besten Wasserstellen. Die anderen Sippen werden bald merken, daß sie mit Esaus Sippe rechnen müssen. Aber eben, es wird viel Streit und Kampf geben. Esau wird sich nichts gefallen lassen. Und er wird bei seinen Kämpfen und Streitereien wenig Rücksicht nehmen auf die Kinder unserer Sippe, auf die Frauen, die nicht so schnell weiterziehen wollen und können. Oder auf die Muttertiere und Jungtiere, die besonderen Schutz brauchen. Nein, Rücksicht auf die Schwachen würde es unter Esau nicht geben.

Wenn doch Jakob den Segen des Vaters bekommen könnte! Jakob, der Sanfte, der Vorsichtige, der Kluge. Vielleicht würden wir weniger reich werden unter Jakobs Führung, aber es wäre Frieden und Ruhe. Kinder könnten ohne Angst aufwachsen – bei den Menschen und bei den Tieren. Ja, wenn doch Jakob den Segen des Vaters bekäme, mein Jakob!

Und ich ging zu den Herden, um Jakob zu suchen. Ich wußte, daß ich ihn bei den Herden finden würde. Schon immer, schon als die Zwillinge klein waren, war das so: Esau streifte herum, auf der Suche nach Wild. Er war oft tagelang unterwegs, kam nur nach Hause, um stolz zu zeigen, was er gejagt hatte. Und Jakob? Jakob spielte mit den Ziegen und Schafen, versorgte und umsorgte sie. Jakob war immer in der Nähe der Zelte, immer in meiner Nähe.

Ich wußte also, wo ich Jakob finden würde. Ich sagte zu ihm: „Dein Vater will deinen Bruder segnen. Er hat ihn losgeschickt, ihm ein Stück Wild zu jagen und daraus ein Festessen zu machen. Damit will er sich stärken und dann alles dem Esau übergeben, alle Verantwortung, allen Besitz, alle Macht."

Jakob nickte stumm. „Aber ich will", redete ich weiter, „daß du den Segen bekommst. Darum hör zu: Bring mir von der Herde zwei schöne Ziegenböckchen. Ich werde ein Festmahl daraus machen, wie es dein Vater liebt. Das bringst du ihm dann in sein Zelt, er wird es essen und wird dich segnen, dich Jakob! Dein Vater ist fast blind, er wird nicht merken, daß du nicht Esau bist."

Jakob wollte nicht: „Aber Mutter, der Vater wird es doch merken, meine Haut ist viel weicher und glatter als die meines Bruders, meine Kleider riechen nach den Tieren der Herde, die meines Bruders nach Wald und Jagd. Der Vater wird es merken und wird mich verfluchen, statt mich zu segnen."

„Laß mich nur machen. Ich werde dir Ziegenfälle um die Arme wickeln, dann fühlt es sich an wie die rauhe Haut Esaus. Ich werde dir Esaus Kleider bringen, dann riechst du wie er. Jetzt geh, wir müssen schneller sein als Esau."

Widerstrebend ging Jakob, aber dann brachte er mir doch zwei Ziegenböckchen, ich bereitete ein Essen, wie Isaak es gern mochte. Ich holte Esaus Festgewand, gab es Jakob und wickelte ihm Ziegenfelle um seine Arme. Dann schickte ich ihn mit dem Fleischgericht und frisch gebackenem Brot in das Zelt zu seinem Vater. Ich blieb am Eingang des Zeltes stehen.

Jakob sagte mit etwas ängstlicher Stimme: „Mein Vater, da bin ich." Isaak fragte: „Wer bist du?" Jakob antwortete: „Ich bin Esau, dein Erstgeborener, ich habe deinen Wunsch erfüllt. Setz dich auf und iß von dem Wild, stärke dich, damit du mich segnen kannst." Isaak fragte zurück: „Wie hast du so schnell etwas jagen können?" „Oh, Gott hat es mir über den Weg laufen lassen." „Komm her", sagte Isaak, „du weißt, ich kann nicht sehen, aber ich will fühlen und riechen, ob du wirklich Esau bist." Jakob ging ganz dicht an Isaak heran, so daß der Vater ihn betasten konnte. „Wirklich, die Haut fühlt sich an wie die von Esau, aber die

Stimme ist die von Jakob, aber der Geruch wiederum ist der von Esau. Bist du wirklich Esau?" Jakob drehte sich zu mir um und ich nickte ihm ermutigend zu. Dann sagte er mit fester Stimme: „Ja, ich bin Esau!" „Dann bring mir das Gericht, daß ich mich stärke und dich dann segne." Und er aß und trank.

Dann sagte er: „Komm her, mein Sohn, gib mir einen Kuß." Dann segnete er ihn: „Gott gebe dir den Tau vom Himmel und mache deine Felder fruchtbar, damit sie Korn und Wein die Fülle tragen und Nahrung für Mensch und Tier. Du sollst stark werden, Völker sollen sich vor dir verneigen und deine Diener sein. Du wirst der Herrscher deiner Brüder sein, sie werden sich vor dir beugen. Wer dich verflucht, den soll Unglück treffen, aber wer dir wohl will, soll gesegnet sein." Und Isaak legte Jakob die Hände auf und küßte ihn. Dann nahm Jakob die Reste des Mahls und ging aus dem Zelt. Als er an mir vorbei ging, nickte ich ihm zu.

Kaum war Jakob gegangen, kam Esau. Er hatte ebenfalls ein Festessen bereitet, trat in das Zelt des Vaters und sagte: „Vater, hier bin ich, ich bringe dir, was du wolltest, iß und stärke dich und dann segne mich." Einen Augenblick war es totenstill im Zelt. Ich sah, wie Isaak zu zittern begann. „Wer, wer bist du?" „Ich bin Esau, du hast mich doch geschickt, daß ich..." „Aber wer war dann der, den ich eben gesegnet habe?" Esau schrie auf, als er das hörte: „Jakob, der Betrüger, der Lügner, er hat dich und mich betrogen. Vater, segne auch mich, den rechtmäßigen Erben." Über Isaaks Wangen liefen Tränen, als er sagte: „Ich habe Jakob gesegnet, ich habe ihn zum Herrscher über dich gemacht, alle seine Geschwister müssen ihm dienen, das kann ich nicht zurücknehmen." „Aber hast du denn nur den einen Segen?" „Ja, mein Sohn, es gibt nur den einen Segen. Du wirst weit weg von guten Feldern wohnen, du wirst dich mit deinem Schwert ernähren müssen. Du wirst Sklave deines Bruders sein. Aber eines Tages wirst du aufstehen und dich wehren." Dann umarmte Isaak den Esau und sie weinten beide.

Als Esau aus dem Zelt herauskam, las ich in seinen Augen all die Wut und den Zorn und die Trauer über Jakobs – und meinen – Betrug. Und ich bekam Angst. Angst um Jakob. Angst, daß sein Bruder ihn töten würde. Und Angst um Esau, Angst, daß er mir noch fremder werden könnte als bisher. Ich hatte Angst, meine Söhne zu verlieren. Ich lief zu Jakob und sagte ihm: „Dein Bruder will sich an dir rächen. Du mußt dich in Sicherheit bringen. Geh zu meiner Familie in Haran. Warte dort ab, bis Gras über die Sache gewachsen ist. Dann will ich dir Nachricht schicken, daß du zurückkehren kannst." Und Jakob ging und ich weiß nicht, ob ich ihn jemals wiedersehen werde. Und jetzt, beim Teig-Kneten, geht es mir wieder und wieder durch den Kopf. Was hätte ich denn tun sollen, damals?

Aus der Diskussion nach der Erzählung möchte ich verschiedene Fragerichtungen nennen. Mütter mehrerer Kinder werfen schnell die Frage der Vor-Liebe, der Bevorzugung eines Kindes vor den anderen auf. Für andere steht das Verhältnis zwischen Rebecca und Isaak im Zentrum. Warum reden die beiden nicht darüber, wie es weiter gehen soll? Haben sie sich nichts mehr zu sagen? Verbot das Verständnis von Ehe zur Zeit der biblischen Väter und Mütter einen partnerschaftlichen Umgang miteinander? Und wie ist es heute mit der Partnerschaftlichkeit? Und warum „benutzt" Gott, wenn er doch wollte, daß Jakob gesegnet wird, Rebecca? Konnte er nicht einen moralisch weniger verwerflichen Weg wählen?

Im Gespräch wird deutlich, wie sehr die Teilnehmerinnen ihre Situation zu der Rebeccas in Beziehung setzen. Das ist ein grundsätzlich anderer Ansatz biblischer Arbeit als mit der historisch-kritischen Methodik, die einen Text in seiner historischen Distanz verstehen will. Und natürlich kommt im Gespräch die Frage, ob diese Art mit biblischen Texten umzugehen denn „erlaubt" sei – ob es denn theological-korrect sei. Es ist nicht Anspruch dieser Art von Bibelarbeit, zu objektiven Aussagen zu kommen, wohl aber zu subjektiven und für das einzelne Subjekt bedeutungsvollen Bildern und Sätzen. Ich halte das für legitim, zumal wenn andere Methoden und Ansätze als Korrektiv und Ergänzung dienen.

5 Subjektive Theologie

Ich halte es ebenso für legitim, daß die Erzählerin ihre Fragestellungen und ihre Theologie in die Geschichte einträgt. Das geschieht ganz selbstverständlich in jeder Predigt, dort wird es akzeptiert, warum soll es dann in einer Bibelarbeit „Manipulation" sein? Allerdings wird durch eine Figuren-Szene der Eindruck verstärkt, so daß es um so wichtiger wird, daß die Teilnehmerinnen sich vor einer Überwältigung durch die Bilder der Erzählenden schützen können. Dies geschieht am deutlichsten dadurch, daß die theologische Absicht im Gespräch offengelegt wird, auch durch solche Formulierungen in der Erzählung wie „ich stelle mir vor".

Die folgende Geschichte von Elia in der Wüste lehnt sich an den Wortlaut des biblischen Textes an. Zugleich versucht sie Gottes-Bilder anzubieten, die für manche Teilnehmer/innen der Bibelarbeit neu waren. Das anschließende Gespräch hat gezeigt, wie die Beteiligten neue Bilder für sich ausprobiert, verworfen oder gewonnen haben – ein theologisch-kreativer Akt!

Elia findet Gott (1 Kön 19, 1-13). Gegenüber der oben beschriebenen Konzentration auf eine Szene haben wir bei dieser Geschichte drei Szenen gestellt: Elia auf der Flucht, zurückblickend auf die Ereignisse am Hof von Ahab, Elia tot-müde in der Wüste, Elia im Eingang der Höhle, auf Gott lauschend. Diesmal erzählen wir nicht aus der Perspektive einer der beteiligten Personen, sondern aus der Position eines Beobachters oder einer Beobachterin, der oder die schon verstanden hat, was Elia erst noch lernen muß.

Erzählung:

Elia ist auf der Flucht. Er blickt zurück auf das, was hinter ihm liegt: Das war eine phantastische Geschichte, gewaltig, dramatisch, blutrünstig, ein Stoff, so richtig geeignet für eine Hollywood-Verfilmung: Da steht Elia, Gottes Prophet, ganz allein einer riesigen Menge von Neugierigen und Sensationslüsternen gegenüber. Und auf der anderen Seite der Szene: 950 Propheten des Baal und der Aschera. Ein gewaltiger Machtkampf zwischen dem einen Propheten und den 950. Zwischen dem Gott Israels, für den Elia kämpft, und dem Baal und der Aschera, für die die 950 stehen. Welche Gottheit wird sich als mächtiger erweisen? Und dann geht der Kampf los: Die 950 schlachten einen Opferstier, legen ihn auf den Altar und beten zu ihren Göttern, daß sie Feuer vom Himmel schicken sollen, Feuer, das den Stier verbrennt. Aber nichts geschieht, so sehr sie auch schreien, so sehr sie um den Altar hüpfen und springen und tanzen, so sehr sie sich die Haut aufritzen, daß ihr Blut fließt. Nichts geschieht, den ganzen Tag lang. Und Elia macht sich lustig über sie: „Euer Gott ist wohl gerade nicht da, oder er hört vielleicht schlecht."

Und dann kommt Elias Auftritt: Auch er schlachtet einen Stier und baut einen Altar. Zusätzlich gießt er Wasser über das Opfertier und den Altar. Und dann beginnt er zu beten: „Du Gott Abrahams, Isaaks und Jakobs. Alle sollen heute erfahren, daß du Gott bist in Israel und ich dein Diener. Erweise deine Macht, daß das ganze Volk es sieht." Und was Elia erbittet, geschieht: Gott lässt Feuer vom Himmel fallen, das nicht nur den Stier und das Holz auf dem Altar verbrennt, sondern auch die Steine und das Wasser, das Elia darüber gegossen hat. Alles Volk wirft sich zu

Boden und ruft: „Der Herr allein ist Gott." – Und Elia, wie im Rausch nach seinem großen Sieg, lässt die 950 Gegner ermorden. Das ist Hollywood, auch, wenn es in der Bibel steht. Das ist die Sehnsucht der kleinen Leute nach der großen Macht. Das ist das Bild eines Gottes, der zur Demonstration seiner Allmacht auch vor einem Blutbad nicht zurückschreckt.

Aber die Geschichte geht weiter. Eigentlich fängt sie jetzt erst an Und was jetzt kommt, eignet sich nun gar nicht mehr für einen Monumentalfilm, da geht es viel leiser zu, zärtlicher, auch humorvoller. Elia hat nicht lange Zeit, sich an seinem neu gewonnenen Ruhm zu freuen. Die Königin schickt einen Boten zu Elia und lässt ihm sagen: „Du hast meine Propheten umgebracht. Du hast meine Götter lächerlich gemacht. Du hast meine Autorität untergraben. In weniger als 24 Stunden soll dir geschehen, was du meinen Propheten angetan hast."

So ist das in Machtkämpfen: Die Gegenmacht schlägt zurück. So schnell gibt sich die Königin nicht geschlagen, so schnell geben die Götter nicht auf. Elia packt die Angst. Was kann er alleine gegen alle Soldaten der Königin ausrichten? Ganz schnell wandelt sich der Triumph über den Sieg in Todesangst – verständlich. Elia läuft weg – allein. Offenbar ist sein Gott, der sich noch vor kurzem als so mächtig erwiesen hat, jetzt unerreichbar weit weg. Oder vielleicht denkt Elia nur nicht daran, daß Gott gerade in der Angst ganz nah ist? – Elia läuft weg, in die Wüste, ganz allein und getrieben von Todesangst. Und in die Angst mischt sich eine unendliche Müdigkeit. Es war wohl doch zu viel für ihn, der Kampf gegen die Propheten, die Anspannung, die Freude über den Triumph, das schnelle Umkippen der Gefühle, die Flucht. Zu viel für ihn. Und dann kommt der Zorn dazu. Der Zorn auf diesen Gott, der ihn in so unmögliche Situationen gebracht hat. Aber eigentlich ist Elia selbst für diesen Zorn zu müde.

Elia setzt sich auf den Wüstenboden, unter einen kleinen Strauch – viel Schatten wird der auch nicht gegeben haben – und will nicht mehr. Will nicht mehr weiterlaufen, will nicht mehr auf Gottes Aufträge hören müssen, will nicht mehr leben. Und – kein Feuer fällt vom Himmel, keine mächtige Stimme holt ihn aus seiner Depression, Gott schweigt.

Aber ich stelle mir vor, wie Gott lächelt, wie er den lebensmüden Elia, den totmüden Elia da sitzen sieht in der Wüste, wie er ihn beobachtet. Gott lächelt und schweigt und lässt Elia in Ruhe. Und Elia schläft. Schläft lange. Bis er eine zärtliche

Berührung zu spüren meint, ein sanftes Streicheln. Und eine leise Stimme hört: „Elia, Elia, steh auf und iß!" Elia öffnet die Augen. Da ist niemand. Aber er sieht ein Brot und einen Krug mit Wasser. Vielleicht ist ein Beduine vorbeigezogen und hat Brot und Wasser da gelassen. Vielleicht, Elia ist zu müde, immer noch viel zu müde, darüber nachzudenken. Er ißt und trinkt – und legt sich wieder schlafen. Zu tief war die Müdigkeit, zu tief die Depression, als daß ein bißchen Essen und Trinken sie beenden könnten. Und Gott lässt Elia in Ruhe, lässt ihn schlafen, wartet ab. Denn Gott ist ein Gott der Geduld.

Elia schläft – unter dem Strauch in der Wüste – bis er zum zweiten Mal die zärtliche Berührung spürt. Elia kommt nicht – noch nicht – auf die Idee, in dieser Zärtlichkeit Gott zu suchen. Elia hört die leise Stimme, die ihn auffordert: „Elia, steh auf und iß!" Elia kommt – noch nicht – auf die Idee, in der sanften Stimme Gott zu suchen, oder in dem Brot und dem Wasser, das er zum zweiten Mal findet. Aber Elia setzt sich auf, ißt von dem Brot und trinkt von dem Wasser. Und er hört die Stimme: „Steh auf, du hast einen weiten Weg vor dir."

Und Elia steht auf, er macht sich auf den weiten Weg. Die Stimme, die Zärtlichkeit, Brot und Wasser, die Geduld Gottes und der lange Schlaf haben ihn so gestärkt, daß er den mühsamen Weg schafft. Er geht zum heiligen Berg, an den Ort, an dem schon Mose Gott begegnet ist. Ein langer Weg, aber er bringt Elia seinem Ziel näher. Seinem Ziel: Gott zu finden. Zu begreifen, wer dieser Gott ist.

Er findet eine Höhle, einen Ort, sich zu verkriechen, sich zu verstecken, sich wieder schlafen zu legen. Offenbar war die Zeit in der Wüste noch nicht ausreichend. Aber jetzt findet es Gott an der Zeit, Elia wach zu rütteln, wirklich wach, daß er sieht und hört und begreift – daß er Gott sieht und hört und begreift. Gott ruft Elia: „Komm Elia, komm raus aus deinem Versteck, ich will mit dir reden." Und da bricht der ganze Zorn aus Elia heraus, der Zorn auf Gott, der ihm so unmögliche Aufträge gibt, Aufträge, die ihn überfordern, die ihn in Lebensgefahr bringen. Und der Zorn darüber, daß er Gott nicht versteht. Daß er nicht versteht, daß der Gott, der doch allmächtig sein soll, ihn nicht schützen kann. „Ich habe leidenschaftlich für dich gekämpft, ich habe dich gegen alle Götter der Welt verteidigt, ich habe an dich geglaubt, an deine grenzenlose Macht. Und jetzt? Jetzt sitze ich hier, muß mich verstecken vor denen, die mich verfolgen und zittere um mein Leben. Sieh mich an: Sieht so ein Prophet des Höchsten aus?"

154

Ich stelle mir vor: Gott lächelt über den zornigen Elia und denkt sich: „Gut so! Wer zornig ist, hat die Depression schon fast überwunden." Gott lächelt, aber das merkt Elia nicht, weil das nicht zu dem Bild passt, das er von Gott hat. Gott lächelt und beschließt, daß Elia jetzt reif ist für die nächste, die entscheidende Lektion. Gott sagt: „Komm, Elia, komm aus der Höhle, tritt auf den Berg vor mich hin." Da kommt ein Sturm, so stark, daß die Felswände nachzugeben scheinen. Elia tritt vor die Höhle, sicher, daß Gott im Sturm sein würde. Ja, so war sein Gott, mächtig wie der Sturm, er würde die Feinde hinwegfegen, Gottes Feinde, und seine, Elias Feinde. Aber Gott ist nicht im Sturm. Elia ist irritiert. Wo ist Gott? Und vor allem: Wie ist Gott?

Dann kommt ein Erdbeben, so gewaltig, daß die Felsbrocken in Bewegung geraten und Elia schnell einen Schritt zurück in seine Höhle macht. Ja, das muß sein Gott sein, so gewaltig wie ein Erdbeben. Alle Welt muß zittern vor ihm, dem allmächtigen Gott, und vor seinem Propheten. Oder doch nicht? – Elia findet Gott auch nicht im Erdbeben.

Aber dann kommt ein großes Feuer. So groß wie das, das Gott gegen die Baals-Propheten aufgeboten hatte. Ja, das muß Gott sein, Elia ist fast sicher. Aber auch im Feuer findet er Gott nicht.

Da steht Elia nun, vor seiner Höhle, es ist still, ganz still, kein Unwetter, kein Erdbeben, kein göttlicher Machtbeweis. Was nun? Elia ist irritiert, ratlos. Und Gott sieht ein, daß er Elia nun nicht länger warten lassen darf, daß er sich endlich zu erkennen geben muß. Und da kommt – ganz sanft – ganz leise – fast zärtlich eine Stimme verschwebenden Schweigens. Elia hört sie und begreift es endlich und weiß es ganz genau: Das ist Gott. Und plötzlich erinnert er sich: An die zarte Berührung in der Wüste, an die leise Stimme, an Brot und Wasser in der Wüste, an den heilenden, langen Schlaf. Das alles war Gott, sein Gott, den er nur da gesucht hat, wo Macht ist, wo Macht erkämpft und bewiesen und verteidigt wird. Und jetzt hatte er Gott ganz anders gefunden: In der Zärtlichkeit, in der Geduld, in der Stimme verschwebenden Schweigens.

Und ich stelle mir vor, daß Gott wieder lächelt über diesen Elia, den kleinen Eiferer: Jetzt hat er begriffen – endlich.

Aus dem Rückblick möchte ich eins hervorheben. Diese Geschichte ließe sich auch erzählen ohne Egli-Figuren. Aber sie würde anders wirken. In der Fülle von Text und Handlung – Gemetzel unter den Baals-Priestern – Flucht – Erschöpfung – Wanderung durch die Wüste – Warten in der Höhle – Erdbeben,Sturm – fände sich wenig Raum und Zeit, Elias Erlebnissen nachzuspüren und eigene Gottes-Bilder zu entdecken. Die Figur des Elia, die suchend und lauschend im Eingang der Höhle steht, animiert die Bibelarbeiter/innen zum Suchen und Lauschen. In all der Aktivität und Dramatik verlangsamt sich durch die ruhig dastehende Egli-Figur das Geschehen, so daß die Stimme verschwebenden Schweigens Gehör finden kann.

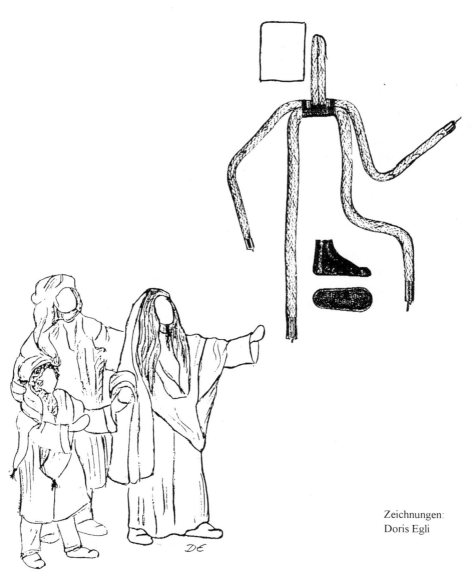

Zeichnungen:
Doris Egli

Die erzählten Geschichten und Bibelarbeiten – und weitere – sowie Fotos der dazu gestellten Szenen sind zu finden in einigen Bilderbüchern, die die Arbeitsstelle Kindergottesdienst im Amt für Gemeindedienst der Evangelisch-Lutherischen Landeskirche Hannovers herausgegeben hat: „Ich will von Gott und der Welt erzählen" (1999²), „Gott hat Großes vor mit mir – Marien-Geschichten" (1999), „Am Anfang... – Schöpfungsgeschichten der Völker" (1999) (Bestelladresse: Postfach 265, 30002 Hannover, Tel. 0511/ 1241-406, Fax: 1241-259).

Katja Stiel

Mit der Bibel bewegen, bewegt werden und tanzen

Auch in diesem Frühjahr war es wieder so weit: Die „Kreativ-Werkstatt Schloß Oppurg" hatte alle eingeladen, die einmal mehr erfahren wollten, was Kreativität mit Bibel zu tun hat und umgekehrt, inwieweit Bibel kreativ ist. Einige Teilnehmer/innen haben sich wohl anfangs mit dieser Frage beschäftigt, andere wiederum sind aus Neugier gekommen, mal etwas anderes zu machen, zu gestalten, zu formen, nicht immer nur an einem Blatt Papier mit Fußnoten zu arbeiten. Die Zusammensetzung der Gruppen war sehr vielfältig: Studierende aus den Studiengängen Lehramt (RU) und Pfarramt sowie Lehrer/innen im Ergänzungsstudium. Verschieden waren Interesse, Anspruch und Erwartungshaltung der Teilnehmerinnen und Teilnehmer. Miteinander arbeiten, voneinander lernen, übereinander erfahren, ein Angebot, das die Kreativ-Werkstatt Oppurg immer wieder neu arrangiert – mit allen zusammen, die kommen.

1 Werkstatt Bibel: Aufbruch nach Passion und Ostern

Das Angebot im Frühjahr 1999 stand unter dem Leitgedanken „Aufbruch nach Passion und Ostern" mit dem Anspruch, Wege zwischen neutestamentlicher Exegese und kreativem Gestalten biblischer Texte zu finden und zu gehen.[1] Diese Wege waren sehr verschieden, so daß je nach Affinität und Fähigkeit zwei Arbeitsgruppen gebildet wurden. Eine erste Gruppe, unter Anleitung von Silke Köser, versuchte, die Erfahrungen verschiedener Menschen mit der Passion Jesu in dem Bild „Jesus, der Mensch ohne Maske" u.a. pantomimisch darzustellen und in selbstentworfenen Masken nachzuempfinden. Methodische Schwerpunkte lagen zum einen auf dem Entwickeln eigener Textformen (Tagebuch, Brief etc.), zum anderen im Umgang mit meditativer Musik und Bewegung in Verbindung mit Masken und Tonarbeiten.

---

[1] Zu Passion und Ostern vgl. jetzt den ausgezeichneten Band von Ingo Baldermann: Auferstehung sehen lernen. Entdeckendes Lernen an biblischen Hoffnungstexten. Wege des Lernens, Bd. 10, Neukirchen-Vluyn 1999.

2 Die Arbeit in Gruppen

Angeleitet von Klaus Petzold, Religionspädagoge an der Friedrich-Schiller-Universität Jena, entdeckte eine zweite Gruppe, die Grundbewegungen in Passion und Auferstehung, aber auch in uns selbst. Über die Arbeit in dieser Gruppe werde ich im folgenden berichten. Textgrundlage war Lk 4, 14-30, eine frühe Erzählung aus dem Leben Jesu, in der berichtet wird, wie Jesus in seiner Geburtsstadt Nazareth ausgegrenzt wird. Dieser biblische Text sollte Grundlage unserer Arbeit mit Bewegung, Tanz und Musik sein. Methodische Schwerpunkte waren vor allem das Entwickeln und Erproben von elementaren Bewegungsszenen zum Text, inspiriert durch Musik. Große einfarbige Tücher (gefärbte Bettlacken) standen außerdem zur Verfügung, denn erfahrungsgemäß erleichtern derartige Hilfsmittel den Einstieg in den Bewegungsablauf und bauen Hemmnisse sowie mögliche Ängste wirkungsvoll ab.

3 Ein erster Zugang mit Tüchern

Auch kreative Zugänge erfordern die intensive Auseinandersetzung mit dem theologischen Gehalt eines biblischen Textes. An welcher Stelle im Gesamtprozeß das geschieht, ist nicht ein für allemal festzulegen, ebensowenig die genaue Form. In unserer Gruppe haben wir zunächst den Text besprochen, Fragen gestellt und beantwortet, um einige Unklarheiten zu beseitigen und unterschiedliche Deutungsansätze zu erörtern. Dieses Vorgehen mag ein wenig die Vorfreude trüben, doch für mich ist in kreativen Lernprozessen die analytische Auseinandersetzung mit dem Gegenstand das Fundament für ein gesichertes Vorverständnis. Die weitere Arbeit baut darauf auf und wird auf diese Weise überzeugend.

Nachdem der Lukastext in mehrfacher Hinsicht befragt und besprochen worden war, stellte Herr Petzold uns die Aufgabe, den Text mit den zur Verfügung stehenden farbigen Tüchern selber zu deuten. Wir legten also die Geschichte – im wörtlichen Sinn – mit den Tüchern aus, indem wir sie in einer durchdachten Reihenfolge von Farben und Formen auf den Fußboden legten. Dabei kamen verschiedene Gruppen von uns durchaus zu Varianten bei den Ergebnissen. Ziel sollte sein, mit Farben den inneren Vorgang des Geschehens bzw. der Situation zu erfassen und auszudrücken. Eine Integration kognitiver und affektiver Lernleistung erwies sich in diesem Lernzusammenhang als sinnvolle Vorgehensweise, um einen ersten emotionalen Zugang zum Text überhaupt entfalten zu können.

Die Anordnung der Tücher zum Text war ganz erstaunlich. Franziska z.B. beschrieb den Weg Jesu nach Nazareth in einer Farbkomposition aus Blau – Gelb – Braun – Schwarz – Rot. Entschlüsselt entspricht die Anordnung der Farben folgender Abfolge der Ereignisse: Jesus (= blau) kehrt nach Nazareth in Galiläa zurück – dort geht er am Sabbattag in die Synagoge und trägt eine Lesung aus dem AT vor (= gelb) – als Jesus mit der Auslegung der Hl. Schrift beginnt, verändern sich Verhalten und Reaktion in der Gemeinde (= braun) – und spitzen sich schließlich zu, als Jesus provokant ausruft: „Wahrlich, ich sage euch: Kein Prophet ist gut aufgenommen in seiner Vaterstadt" (4, 24) – daraufhin wird Jesus von der zornigen Menge aus der Synagoge geworfen (= schwarz) – doch die souveräne Reaktion Jesu macht ihn zum Sieger über die erstarrten Feinde: Er schreitet durch die Menge hindurch (= rot).

Andere Auslegungen und Farbzusammenstellungen haben weniger die chronologische Abfolge der Ereignisse darzustellen versucht, vielmehr den Versuch unternommen, den Symbolgehalt der gesamten Erzählung in einer Collage zu verarbeiten. Die Orientierung an den Symbolfarben des klassischen Farbkanons sollte dabei vermieden werden, denn das kategoriale Denken, Farbe und Bedeutung verhielten sich eindeutig zueinander, ist ein Trugschluss. Daß die Farbsemantik viele Gesichter kennt, hat auch unsere Arbeit mit den bunten Tüchern gezeigt. Franziska schrieb also der Farbe Rot nicht unweigerlich die Konnotation „Liebe" zu, sondern verband mit dieser Farbe die Vorstellung von „Gottes Majestät". Weil Franziska dabei über die Bedeutung ihrer Farbzusammenstellung nachgedacht hat, ist es ihr gelungen, eigene Emotionalität zu entwickeln und den Text auch aus seiner Farbbedeutung heraus zu verstehen.

Eine eigene „kreative Meinung" zu bilden, ist m.E. Ziel jeder kreativen Arbeit. Und kreative Arbeit wiederum setzt in der Entwicklung eigener Emotionalität zum Lerngegenstand selbst an. Ich vermute, in diesem Prozeß – in der Auseinandersetzung mit Text, Farbe und einfachem Textilstoff – hat sehr viel kreatives Nachdenken und Arbeiten stattgefunden. Ich kann den Vorgang vergleichen mit bewegten Gestalten in einem Spielraum, der plötzlich ganz unerwartet da ist und bei allen in diesem Raum enorme Energie freisetzt, Energie für Ideen, Interpretationen, Beziehungen, Arrangements, Aktionen, Formationen...

4 Wir lernen einander vertrauen

Der Weg zu einzelnen Bewegungsszenen war jedoch noch sehr lang und zunächst auch nicht klar überschaubar. Das Gespräch über den Text (Assoziationen, Voreinstellungen, Begriffserklärungen, Fragen) sowie die Gliederung des Textes in Handlungsabschnitte war notwendig, um den inneren Aufbau zu erfassen. Auf folgende Strukturierung konnten wir uns gemeinsam einigen:

V 14-16:	Jesus kehrt nach Nazareth zurück.	① Rückkehr nach Nazareth
V 16b-19:	Jesus liest[2] in der Synagoge.	② Synagoge
V 20-27:	Jesus legt die Hl. Schrift aus und stößt auf Gegenreaktionen in der Gemeinde.	Aktion – Reaktion
V 23-27:	Jesus greift die Reaktionen seiner Zuhörer auf und formuliert eine Gegenrede. Die Volksmenge wirft Jesus aus der	③ Synagoge Gegenrede und Rauswurf
V 28+29:	Synagoge hinaus.	
V 30:	Jesus schreitet durch die Menge durch.	④ Schlußszene

Die inhaltliche Gliederung in fünf Teile war gleichzeitig der Grundriß für unsere folgenden fünf Bewegungsszenen. Bevor wir aber so richtig loslegen konnten, haben wir erst einmal Gelenke und Muskulatur erwärmt[3]. Einige Aufwärmübungen und Interaktionsspiele halfen, das notwendige Vertrauen in der Gruppe ausbauen und lockerten die Stimmung sowie die Atmosphäre. Die Gruppe zu sensibilisieren für eine Arbeit mit dem eigenen Körper, aber auch mit dem der anderen, war ein wichtiger Schritt in unserem Gruppenprozeß. Durch ihn konnte sich auch unser einziger männlicher Student (offenbar zählen Bewegung und Tanz immer noch zu den spezifisch weiblichen Interessen) gut in die „Frauengruppe" einfügen.

5 Unser Ansatz: Bewegungsimprovisation

Kein Repertoire fertiger Bewegungsfiguren wurde uns vorgestellt, aus dem wir nur auszuwählen gehabt hätten. Erst recht wurde uns keine „vorbildliche" Bewegungssequenz vorgeführt, bei der uns bloß die minutiöse Nachahmung geblieben wäre.

---

[2] Jes 61, 1-2.
[3] Im Englischen auch „warming up" genannt.

161

Vielmehr setzten wir bei der Idee der Bewegungsimprovisation an, wie die Tänzerin und Tanzpädagogin Gisela Colpe sie auf dem Hintergrund langjähriger Erfahrungen entfaltet hat.[4] Als Schülerin von Mary Wigman kommt sie vom „Ausdruckstanz" her, der nach Kurt Peters bereits in der Mitte des 19. Jh. seine Wurzeln hat, aber erst Anfang des 20. Jh. zum Durchbruch kam.[5]

Unsere Improvisationen wurden zunächst ausschließlich durch Musik inspiriert und begleitet (Stücke aus der Pop-Musik). Zu jeder dieser Sequenzen entwickelten wir

---

[4] Gisela Colpe: Bewegungsimprovisation, Berlin 1974 (?). Die Verfasserin ist Schülerin von Mary Wigman. Vgl. dazu Gabriele Fritsch-Vivié: Mary Wigman. Rowohlts Monographien, Reinbek 1999, S. 129. Später hat sie in der Buscha-Schule in Göttingen unterrichtet, dem Studio für Ballett, Gymnastik und Tanz von Mino Buscha. Einer ihrer Schüler in der ersten Hälfte der 60er Jahre war unser Seminarleiter Prof. Petzold, damals noch Student an der Pädagogischen Hochschule sowie an der Universität Göttingen. Seinerseits hatte er Mary Wigman noch als 73-jährige während eines Ferienkurses im Sommer 1959 in ihrem Studio an der Rheinbabenhalle in Berlin kennengelernt. Vgl. K. Petzold: Theorie und Praxis, S. #.

[5] Zur differenzierten Entwicklung des Phänomens „Ausdruckstanz" vgl. G. Fritsch-Vivié, S. 28ff. Nach Markus Vonhoefer ist Ausdruckstanz (auch freier Tanz) eine Bezeichnung für den in Deutschland um 1910 entwickelten freien, expressiven Tanz, der sich bewußt gegen die akademischen Gesetzmäßigkeiten des klassischen Balletts stellte. In Anlehnung an den deutschen Expressionismus in der Malerei und Literatur entstand der Ausdruckstanz als Protest gegen den unnatürlichen klassischen Tanz. Der Ausdruckstanz war eine Bühnentanzform, die von einzelnen Podiumstänzern dargeboten wurde.
Isadora Duncan (1878-1927) lehnte jegliche Regelung der Bewegungsabläufe ab und erklärte "auf Geheiß ihrer Seele zu tanzen". In: *Microsoft® Encarta® 99 Enzyklopädie*. In ihrem Buch: Mein Leben, meine Zeit, Rastadt 1981, S. 60ff, gibt Duncan eine kurze Beschreibung ihrer zentralen Erfahrung: „Ich verbrachte nunmehr viele Tage und Nächte damit, einen Tanz zu ersinnen, durch den das Göttliche im Menschen mittels der Bewegungen des Körpers in höchster Vollendung zum Ausdruck gebracht werden könnte. Stundenlang stand ich vollkommen regungslos, die Hände vor der Brust gefaltet, als befände ich mich in einem Trancezustand. Schließlich aber fand ich doch den Sitz aller Bewegung, die Triebfeder, die motorische Kraft, die Einheit, aus der die Vielfältigkeit des Bewegungskomplexes entspringt, und aus meiner Entdeckung entstand dann jene Theorie, auf die ich später meine Schule aufbaute. Die Ballettschule lehrt ihre Schüler, daß dieses Bewegungszentrum in der Mitte des Rückens am unteren Ende der Wirbelsäule liegt: Von dieser Achse aus müssen sich Arme, Beine und Rumpf wie bei einer Gliederpuppe frei bewegen. Dieses System erzeugt jedoch nur gekünstelte, rein mechanische Bewegungen, die niemals imstande sind, die Regungen der Seele würdig zum Ausdruck zu bringen. Im Gegensatz hierzu forschte ich nach dem Sitz des inneren Ausdrucks, von dem aus die seelischen Erlebnisse dem Körper mitteilen und ihm lebendige Erleuchtung verleihen sollen. Erst viele Monate später, als ich gelernt hatte, mich zu konzentrieren, fand ich, daß die Schwingungen der Musik mir wie aus einer Lichtquelle zuströmten und sich in mir als innere Vision, als Reflex der Seele widerspiegelten, wodurch ich befähigt war, sie tanzend zum Ausdruck zu bringen."

einzeln und/oder in der Gruppe verschiedene erste Bewegungsverläufe. Anfangs kostete es uns viel Überwindung, uns ganz ungezwungen und frei zu bewegen, denn Tag für Tag – im Studium wie im Beruf – sind unsere Bewegungen auf bestimmte Handlungsabläufe festgelegt und normiert. Aus dem Inneren heraus zu tanzen und sich zu bewegen, war darum Neuland für jede(n) von uns. Mit Musik aber tanzt es sich eben doch leichter als ohne. Später ordneten wir die Musiksequenzen einzelnen Abschnitten des biblischen Textes zu (vgl. unten auf dieser Seite) und legten dadurch auch die Reihenfolge fest. Außerdem wurden die ersten Rollen definiert.

6   Erste Versuche

Die Verteilung der Rollen war unproblematisch, denn die bipolare Figurenkonstellation im Lukastext stellt Jesus auf die eine Seite, die Gemeinde in der Synagoge auf die andere. Dennoch stellte sich die Frage: wer spielt Jesus? – Die Entscheidung fiel auf mich.

Zunächst aber beschäftigten wir uns noch mit der Frage: welche Musik in welcher Szene? – Nach einigen Diskussionen entschieden wir uns für vier Stücke, die unserem Empfinden nach melodisch, rhythmisch und thematisch zu unseren vier Bewegungsszenen paßten. Eine kurze Beschreibung der Instrumentalstücke macht deutlich, nach welchen Kriterien wir vorgegangen sind.

Musik 1	Harfenklänge: melodisch, verspielt – dann getragen.
Musik 2	Gitarre: zunächst langsam, dann immer schneller werdend, liturgisch.
Musik 3	Orchester: kraftvoll, rhythmisierend, immer lauter werdend.
Musik 4	Orchester: Klänge fallen zusammen – Bruch-Rhythmus und Tempo verlangsamen sich – Ausklang.

Die folgende Darstellung soll zeigen, wieweit Musik und Bewegungsszenen miteinander korrespondierten.

Als Jesus nach Nazareth zurückkehrt, erinnert er sich an sein Leben in dieser Stadt, an seine Familie, Freundinnen und Freunde, an die Synagoge. Die Musik setzt ein mit verspielten Harfenklängen, die zunehmend getragener werden. Die bodenständige Melodie evoziert den Eindruck tiefster Verwurzelung in Tradition und

Heimat. Während Jesus nun in die Synagoge geht, wird mit jedem seiner Schritte und mit jeder Handlung, die er ausübt (Lesung und Schriftauslegung), auch der Rhythmus schneller. Einer Aktion Jesu folgt eine Reaktion der Gemeinde in der Synagoge und umgekehrt (Foto S. 188). Die zirkuläre Erzählbewegung wird auf diese Weise medial umgesetzt.

Es kommt im weiteren Verlauf der Handlung zu einem Bruch: Jesus greift die Reaktionen seiner Zuhörer/innen auf (= Aktion) und formuliert in den Versen 24-27 eine Gegenrede (= Antithese). Daraufhin greift die Gemeinde Jesus an und wirft ihn schließlich aus der Synagoge hinaus. Die Kontroverse zwischen Redner und Hörerschaft unterstreicht eine kraftvolle und impulsive Orchestermusik. Die Zuspitzung des Konfliktes betonen die zusammenfallenden Instrumente, und als es schließlich zum Bruch zwischen beiden Parteien kommt, bricht das Orchester auf dem Höhepunkt seiner Inszenierung ab. Jesus aber, Gottes Sohn und wahrer Mensch, schreitet durch die empörte Menge hindurch, die sich daraufhin teilt und endlich verstummt (Foto S. 189). Alle Instrumente „atmen" langsam aus, die Situation entspannt sich, ein feierlicher Rhythmus schließt Erwählung und Anspruch Christi ein, wahrer Gott und wahrer Mensch zu sein.

7   Mehr als nur „Gehübungen"

In der wohl entscheidendsten Arbeitsphase kam es nun darauf an, Musik und Bewegungsimprovisationen in einzelne elementare Bewegungsszenen umzusetzen. Hierbei waren weder tänzerisches Können noch viel Geschick notwendig, sondern die natürliche Neugier und Experimentierfreude, ein solches Vorhaben Gestalt werden zu lassen.

Unter diesen Voraussetzungen machte uns die Arbeit mit unserem eigenen Körper sehr viel Spaß. Wir wollten unseren Körper selbst als Medium unserer inneren Bewegungen neu kennenlernen. Innere Bewegungen durch äußere Bewegungen ausdrücken und in ein „bewegtes Bild" verwandeln, das Experimentieren mit Musik und Bewegung, das waren die Herausforderungen dieser vier Tage. Vor allem beim Zusammenstellen der einzelnen Bewegungselemente zu verschiedenen Bewegungs-abläufen bis hin zu einer fertigen Bewegungsszene war das Zusammenspiel in der Gruppe von entscheidender Bedeutung. Keine Einzelaktionen, sondern gruppendy-namische Interaktionen waren Schwerpunkt unserer gemeinsamen Arbeit. Unsere kreativen Lernprozesse setzten somit dort primär an, wo kognitive Lernleistungen in emotionale umgesetzt werden. Und Emotionen wiederum begannen dort, wo wir über unsere Bewegungen miteinander sprachen. Bewegt sein und bewegt werden sind Weg und Ziel der Werkstattarbeit. Der Fortgang unserer Arbeit kumulierte in zahlreichen Proben, deren Ergebnis wir schließlich der anderen Werkstattgruppe in einer Präsentation zeigten.

8 Qualifizierter Spaß statt professioneller Qualität

Unter dieses Motto wollen auch wir unsere Arbeit stellen, wenngleich die eine oder andere Bewegungsszene sehr intensiv und genau einstudiert wurde. Eine davon möchte ich kurz skizzieren.

Jesus stößt mit seiner Schriftauslegung auf Mißgunst und Abneigung der Menschen in der Synagoge.

Dargestellt ist Jesus, der in der Synagoge die Hl. Schrift auslegt und damit das Unverständnis seiner Zuhörer/innen erregt. In der Abbildung wirkt der Bewegungsablauf zugegeben etwas statisch. Tatsächlich aber ging im großen Barocksaal des Schlosses die Post ab. Was hier als roter Pfeil angedeutet ist, beschreibt die Interaktion zwischen Jesus und der Volksmenge. Das Aktion-Reaktion-Schema haben wir mit entsprechend großzügigen und expressiven Bewegungen umzusetzen versucht. Jesus geht auf seine Hörerschaft zu, diese weist ihn aber ab. Wiederum wendet er sich an die Gemeinde als Kollektiv, aber auch an Einzelpersonen. Und abermals wird Jesus abgelehnt. Das dynamische Gegenspiel von Gruppe (= Gemeinde) und Einzeldarsteller (= Jesus) möchte ich in diesem Zusammenhang noch einmal betonen.

Eine detailliertere Beschreibung unseres Vorhabens, einen biblischen Text in elementare Bewegungsszenen umzusetzen, würde den Rahmen dieses Berichtes weit überschreiten. Vielmehr möchten wir die Leserinnen und Leser ermutigen, den eigenen Körper als wunderbar bewegliches Geschenk und Instrument wahrzunehmen, Inneres durch Äußeres ausdrücken zu lernen und das Bewegen selber als kreativen Zugang zu verstehen. Unsere gesamte Werkstattarbeit wurde auf Videoband aufgezeichnet und kann bei Bedarf und Interesse bei uns ausgeliehen werden.[6]

9 Und dann wieder Alltag

Auch jede Kreativ-Werkstatt ist irgendwann zu Ende, und so trennten sich unsere Wege nach vier erlebnisreichen und eindrucksvollen Tagen im Schloß Oppurg bei Pößneck. Dank des großzügigen Raumrepertoirs gelang es uns allen, unabhängig voneinander ungestört arbeiten und proben zu können. Diesen erheblichen Vorteil hat ganz besonders unsere Bewegungsgruppe nutzen können, denn wer sich bewegen und wer bewegt werden will, braucht viel Raum und Luft und Licht, um wirklich empfinden zu können, was es heißt, „Mit der Bibel bewegen, bewegt werden und tanzen".

Daß Kreativität in unserem Körper, mit jeder Fingerbewegung, mit jedem bewußten Atemzug und mit jedem Stirnerunzeln beginnt, ist für mich und mein Nachdenken über kreative Lernprozesse zu einer elementaren Erkenntnis geworden. Sie zeigt, daß Kreativität uns bereits im Alltag ergreift und solche Werkstatt-Tage geeignet sind, um dieses Ergriffensein in die Tat umzusetzen.

---

[6]   Kontaktadresse: Prof. Dr. Klaus Petzold, Friedrich-Schiller-Universität Jena, Theologische Fakultät, Religionspädagogik, Fürstengraben 1, 07743 Jena.

Marita Hilmer

Wir gestalten ein Hungertuch zu Mt 5,13a
„Ihr seid das Salz der Erde"

1   Zum Rahmen: Werkstatt Bibel

Der folgende Gestaltungsprozeß ereignete sich weder in einer Schule noch in einer Gemeinde, sondern in einer „Werkstatt Bibel", wie sie jedes Jahr in den Sommerferien (vorletzte Woche) in Loccum inszeniert wird. Lehrerinnen und Lehrer sowie Studierende aus Ost und West (auch einzelne Pastoren) treffen sich auf privater Basis, um sich vier Tage lang auf spannende Begegnungen zwischen einem biblischen Text, dem eigenen Leben und gesellschaftlichen Problemen einzulassen. Vorbereitet wird das Ganze durch Klaus Petzold mit wechselnden Teams, Referentinnen und Referenten.[1]

Die „Werkstatt Bibel 1999" lag vom 25.-28. August und hatte das Thema „Ihr seid das Salz der Erde". Diese Zusage aus der Bergpredigt Jesu war auch im Blick auf die gleiche Thematik auf dem Kirchentag gewählt worden, der wenige Wochen vorher in Stuttgart stattfand und von dem wir Vorbereitungsmaterialien zur Exegese mitverwendet haben.[2] Ein besonderer Schwerpunkt lag dieses Mal auf kreativen Zugängen zum Text durch Tanz mit Ulrike Wallis, Tänzerin und Tanzpädagogin aus Hannover. In drei Workshops hatten wir alle Gelegenheit mit ihr zu arbeiten. Danach erst wurden drei gestalterisch verschiedene Gruppen zur Wahl angeboten, die dann eineinhalb Tage – kürzer als sonst – Zeit für eigene Versuche und Entdeckungen hatten:

• „Salz der Erde" im Zisterzienserkloster. Szenen aus Geschichte, Gegenwart und Zukunft im Kloster Loccum.
• Pop – Bibel – Bewegung. Ausgewählte Popmusik zum biblischen Wort vom Salz. Salzig? – Keineswegs! Würzig und ziemlich bewegt.
• Wir gestalten ein Hungertuch zu Mt 5, 13a „Ihr seid das Salz der Erde".

---

[1]   Einladungen und Programme werden auf Anfrage zugeschickt (Berliner Ring 37, 31547 Loccum; zum Konzept vgl. Werkstatt Religionspädagogik, Bd. 1, S. 13-24).
[2]   Vgl. Reinhard Feldmeier: Die synoptischen Evangelien. Das Matthäusevangelium, in: K.-W. Niebuhr (Hg.): Grundinformation Neues Testament. UTB 2108, Göttingen 2000, S. 75-98.

2   Zur Geschichte der Hungertücher

Hungertücher haben in der katholischen Kirche eine lange Tradition. Ihre Verwendung zur Altarverhüllung während der Fastenzeit läßt sich um das Jahr 1000 n.Chr. nachweisen. Hungertücher waren vor allem in Deutschland, Österreich, Frankreich und der Schweiz verbreitet und hatten – je nach Region – unterschiedliche Bezeichnungen. Sie wurden auch als Fastentücher, Leidenstücher und Schmachtlappen bezeichnet. Das sogenannte „velum templi" wurde am Aschermittwoch bzw. am ersten Fastensonntag aufgehängt. Am Mittwoch in der Karwoche wurde das Tuch beim Beten des Passionstextes („et velum templi scissum est medium" – „und der Vorhang des Tempels riß mittendurch") wieder abgenommen. Das Hungertuch gehörte zu den Liturgievorschriften vieler Klöster. Über die Klosterkirchen fand es allmählich Eingang in die Pfarrkirchen.

Mit dem Hungertuch sollte während der Fastenzeit der Altar verhüllt werden. Damit wurde auf die „sehende" Teilnahme am heiligen Geschehen am Altar verzichtet. Deshalb waren die Hungertücher zunächst schmucklos. Später wurden sie mit Bildmotiven aus biblischen Geschichten bemalt. Sie dienten den Gläubigen als „katechetische Unterweisung". Letztlich hatten die Bilder auch eine erzählende Funktion für die Menschen, die nicht lesen konnten und wurden als „Bibel der Armen" bezeichnet.

Während der Reformationszeit verschwanden die Tücher nach und nach. 1976 nahm das Hilfswerk Misereor den Brauch der Hungertücher wieder auf. Neben der finanziellen Unterstützung sollte auch ein partnerschaftlicher Austausch stattfinden. Alle zwei Jahre wird ein neues Tuch von Christen aus Afrika, Asien oder Lateinamerika gestaltet, das eine biblische Geschichte im Kontext der Lebenswirklichkeit des jeweiligen Landes darstellt.

3   Die Arbeit in unserer Gruppe

Zu unserer sehr kleinen Gruppe gehörten zwei Teilnehmerinnen und ich als Gruppenleiterin. Für mich war das Hungertuch eine spannende neue Möglichkeit, einen biblischen Text auf größerem Raum (Bettlaken) mit mehreren Teilnehmerinnen gemeinsam zu gestalten. Dabei erweiterte ich von vornherein das Rahmenthema (Mt 5, 13a) durch ein weiteres Bildwort: „Ihr seid das Licht der Welt" (Mt 5, 14a), weil die beiden schon von Matthäus dicht zusammengestellten Worte Jesu eher in der Kombination voll zur Wirkung kommen können.

Zur Anschauung und zum leichteren Ankommen bim Thema der Gruppe stellte ich einen Salzstein und eine brennende Kerze auf den Tisch. Dazu legte ich Blätter und Stifte bereit. Wir notierten spontan Sprichwörter, Erfahrungen, Assoziationen zu den Begriffen „Salz" und „Licht", ohne dabei zu sprechen. Die Einfälle der Teilnehmerinnen regten die anderen zu weiteren Ideen an. Das Ergebnis ist im Text der folgenden Übersicht wiedergegeben):

- Salz und Brot als Gaben beim Einzug in ein neues Haus.
- Salzwürste.
- Zuviel Salz kann Leben verhindern (Totes Meer).
- Salz macht Essen schmackhaft, genießbar, aber Wasser ungenießbar.
- Salzwasser, Salzhering.
- „Ich werde dir die Suppe versalzen" Salz nur in kleinen Mengen gut.
- Salz im Körper lebensnotwendig.
- eine gesalzene Rechnung.
- Salz an sich ist nicht viel wert, nur im Zusammenhang mit anderen Dingen (z.B. Speisen) erhält es seinen Wert.
- Das Märchen vom Salz (erklär ich euch später).
- Salz für Mensch, Tier und Pflanze ist wichtig für das Leben, es muß aber ausgewogen sein.
- Mir geht ein Licht auf.
- Licht bringt Helligkeit ins Dunkle.
- Lebenslicht.
- Sonne ist Licht.
- Goethes angeblich letzte Worte: „Mehr Licht!"
- Feuer/Kerzenlicht braucht Sauerstoff, darf nicht erstickt werden (Licht unter dem Scheffel geht aus).
- Licht, mehr denn lichte Nacht, Licht, heller als der Tag.
  (Ausschnitt aus einem Weihnachtsgedicht von Andreas Gryphius.)
- Licht bringt Wärme.
- Licht vertreibt die Angst.
- Im Licht kann ich mich gut orientieren.
- Und das Licht schien in der Finsternis, und die Finsternis hat's nicht ergriffen.
- Wo Licht ist, ist auch Schatten.

Auf das Schreiben folgte ein kurzer Austausch im Gespräch. Anschließend sprachen wir über Entstehung und Verwendung der ursprünglichen Hungertücher. Wir betrachteten mehrere Misereor-Hungertücher und tauschten uns über deren Bedeutung sowie die verschiedenen Bereiche und deren Gestaltung aus (biblische Geschichte, konkrete Realität des jeweiligen Landes, Hoffnung und Verheißung ...). Dadurch kamen wir zum nächsten Schritt: Hinterfragen der Begriffe „Hunger" und „Fasten".

Wir notierten Beispiele:
Hunger
– in der heutigen Welt und in unserem Alltag
   Erdbeben in der Türkei – Hilfe für die Betroffenen; Kosovo – Respektieren anderer Menschen; rechtsradikale Übergriffe – Ausländerfeindlichkeit; Zusammenwachsen Ost-West; Aufrichtigkeit der Politiker; Arbeit/Wertschätzung; Verfall ethischer Werte; Vereinzelung; Naturschädigung/Schadstoffe.

Fasten
– Wo leben wir im Überfluß?
   Lärm – Musik, Autogeräusche, ...; Erlaßjahr 2000 – Verzicht auf Zinszahlung; Rituale/Ordnung – Sonntag erhalten.

Diese Überlegungen führten uns zu der Frage: Woraus kann Hoffnung bei Menschen in Not entstehen? (Teilen; verträglicher Lebensstandard; Hilfsangebote bei Unglücksfällen; fairer Handel). Anschließend nahmen wir uns noch einmal die Zusagen/Verheißungen vor: „Ihr seid das Salz der Erde" und „Ihr seid das Licht der Welt". Wir gingen frei im Raum, wiederholten mehrmals einen der Sätze und betonten beim Gehen immer einen anderen Satzteil:
IHR seid das Salz der Erde. – Ihr SEID das Salz der Erde. – Ihr seid DAS SALZ der Erde. – Ihr seid das Salz DER ERDE.
IHR seid das Licht der Welt. – Ihr SEID das Licht der Welt. – Ihr seid DAS LICHT der Welt. – Ihr seid das Licht DER WELT.

Durch dieses Verfahren kam uns der Inhalt der biblischen Zusagen/Verheißungen noch deutlich näher als beim bloßen Reden darüber, denn Wort, Bewegung, Rhythmus, Raum, Akustik und Gruppenaktion wirkten zusammen – ein konzentrierter kreativer Prozeß. Jede Teilnehmerin notierte für sich die Ideen, die sich durch das „Ergehen" ergaben.

Nach diesen Vorübungen und -gesprächen begannen wir mit der Gestaltung unseres Hungertuches. Jede Teilnehmerin probierte zunächst für sich aus, „Hunger" und „Hoffnung" in Bilder umzusetzen. Wir verglichen unsere Ideen, verwarfen Unklares, entwickelten Entwürfe weiter, die allen gefielen. Wir entschieden uns, das Laken durch ein schwarzes Kreuz in vier Felder zu unterteilen. Auf den Feldern stellten wir Bilder für „Hunger" in unserem Alltag und in der Welt dar:

– gesichtslose Köpfe, deren Ohren mit Kopfhörern verschlossen sind; sie nehmen ihre Mitmenschen (Alte, Kranke, Gesunde, Kinder ...) nicht wahr;

– materielle Güter (Geld, Computer, Fernsehen ...), welche die Vereinzelung fördern, aber für viele Menschen wichtiger als direkte menschliche Beziehungen sind;

– die Zerstörung der Natur, die durch Egoismus und Gleichgültigkeit vieler Menschen voranschreitet;

– Lateinamerika und Afrika verbunden durch das Symbol des Erlaßjahres 2000 als Zeichen für die immer noch herrschende Armut in den Ländern der Dritten Welt.

Den fertigen Entwurf übertrugen wir mit Stoff-Farben auf ein weißes Laken (Foto S. 190).

4 Präsentation

Unser Hungertuch wurde an einer Pinnwand befestigt. Dann baten wir die Teilnehmer/innen anderer Gruppen, ihre Gedanken zu unserem Tuch für alle sichtbar auf einer Folie auf dem Overhead-Projektor aufzuschreiben (vgl. nächste Seite!). Erst anschließend folgte eine mündliche Aussprache. Hier ist die beschriftete Folie:

Segmentierung

! Wahrnehmen !? *sind sogar Schülerstimmen da!*

Isolation trotz großer Nähe

ohne die 5 Sinne (warme Farben!) läuft nichts

nicht nur "Schwarz-Weiß" Wo ist

leere Gesichter mit verschlossenen Ohren das Salz?
– davor das "pralle" Leben? überall

betrifft alle Menschen dieser Erde

HÖR WER HUNGERT
FRAGT NACH BROT

Jazo und Hände
wie verloren
schreien zu freien
Glück der Kranke an zuhalten Brot
das geteilte Brot
unterbrochen wird!

Ängste und dennoch

damit leben können,
Was die Erde zusammenhält
erscheint (gut) so winzig und un-
scheinbar!

Die Technik zerstört die Natur.
Es wird kalt und kahl.
Wohin sollen die Füße gehen?
Was sollen die Hände tun?
Grün ist Leben!

Was ist 1/4 unserer Hoffnung?
schonendes Brot! Auge – offenes Ohr – geteiltes
Stehende Füße? – Abwendende Hände?!
da, wo die (farbigen!) Menschen auf das Kreuz
treffen, wird es hell

Entschuldigung – kann eine grüne sein

172

5 Rückblick

Die Gruppe war sehr klein, und ich war unsicher, ob von drei Personen genügend Impulse ausgehen würden, um ein Hungertuch zu gestalten. Wir erlebten in den vier Tagen, daß es mit der Einstimmung auf unsere Arbeit durch schreibenden Austausch, Gespräche, Betrachten der Misereor-Hungertücher und Bewegung möglich war, unser Vorhaben zu verwirklichen. Wichtig dafür war die Bereitschaft, die Zusagen des biblischen Textes selber aufzunehmen, sich auf die Übungen einzulassen, auf sich selbst zu hören und den anderen zuzuhören, die eigenen Ideen mitzuteilen und auf die Ideen der anderen einzugehen.

Der kreative Prozeß unserer kleinen Gruppe in dieser Werkstatt Bibel vollzog sich also in dem Freiraum zwischen anregendem Methodenwechsel, biblischem Text und exemplarischen Impulsen (fertige Hungertücher); er setzte auf der Motivationsebene eine wachsende Bereitschaft zu Selbstwahrnehmung und eigener Öffnung in dialogischen Prozessen voraus. In diesem Kontext war es möglich, eine Gestalt zu entwickeln, mit der am Schluß alle zufrieden waren. Der weite Zeitrahmen der Werkstatt war dabei eine ausgezeichnete Hilfe. Er legt den Schluß nahe, daß wirklich kreative Prozesse ein gutes Maß an Zeit und Ruhe brauchen – besonders dann, wenn der normale Alltag hektisch ist.[3]

Adressen für weitere Informationen und Materialien:

MISEREOR, Medienproduktion und Vertriebsgesellschaft mbH
Postfach 1450, 52015 Aachen
Telefon 0241/47986-42; Telefax 0241/47986-45

Diakon. Werk der EKD, BROT FÜR DIE WELT, Zentraler Vertrieb
Postfach 101142, 70010 Stuttgart
Telefon 0711/902165-0; Telefax 0711/7977502
Internet http://www.brot-für-die-welt.de

---

[3] Vgl. Ingo Baldermann: Auferstehung sehen lernen. Entdeckendes lernen an biblischen Hoffnungstexten. Wege des Lernens, Bd. 10, Neukirchen-Vluyn 1999, S. 21-26 („Arbeit der Seele: Emotionales Lernen").

WER MÖCHTE NOCH AN DER WERKSTATT 2001 TEILNEHMEN?

(Anmeldung bei Klaus Petzold, S. 175 unten)

WERKSTATT BIBEL

2.-5. August 2001

Ferien-Werkstatt in Loccum

Lieder, Bekenntnisse und Aktionen zur Schöpfung

Donnerstag
2.8.2001

14.00 Anreise aus allen Himmelsrichtungen.

15.00 Kaffee und Begrüßung

15.30 „Bebauen und Bewahren in Verantwortung vor Gott und den Menschen". – Was steht auf dem Spiel?
Die biblische und ethische Dimension der ökologischen Diskussion und Praxis.
Folker Thamm, Lüneburg.
Vortrag und Diskussion im Plenum, dazwischen Pausen.

18.00 Abendessen

18.45 Rundgang durch das Tagungsgelände mit anschließendem Gespräch unter ökologischen Gesichtspunkten.
Christoph Hallmann-Böhm, Loccum.

21.30 Vorstellung der Werkstattgruppen für die beiden folgenden Tage:
Gruppe 1: ... und die Bäume klatschen in die Hände.
    Lieder mit Bewegung. Und: „Die Reise des Priesters"
    Joschi Ball, Münchehagen.
Gruppe 2: Großflächiges Gestalten (u.a. Malen) eines großen Fensters mit Quellen und anderen Elementen aus Schöpfung und Gemeinde.
    Folker Thamm, Lüneburg
Gruppe 3: Ton – Tanz – Text.
    Unser Körper – eine Faser im Gewebe der Mitgeschöpfe.
    Andrea Hecker, Jena. – Klaus Petzold, Loccum und Jena.
Anschließend offener Abend – gewiss auch mit Liedern und Gitarren, hoffentlich unter Apfelbäumen.
Heinpeter Böhme, Nienburg. – Joschi Ball, Münchehagen.

Freitag

3.8.2001   8.00   Andacht mit kreativen Elementen. Klaus Petzold, Loccum/Jena.

            8.30   Frühstück

            9.15   Beginn in drei Gruppen (vgl. Donnerstag).

          12.30   Mittagessen und Pause

          15.00   Kaffee, Fortsetzung in den Gruppen.

          18.00   Abendessen

                  Abend zur freien Verfügung der Gruppen. Evtl. Besuch am ehemaligen Brunnen der Zisterzienser im Innenhof des Klosters Loccum und im Bauwagen der „Altpapiergruppe" Loccum.

Samstag

4.8.2001   8.00   Andacht. Heinzpeter Böhme, Nienburg. (angefragt)

            8.30   Frühstück

            9.15   Weiteres Gestalten in den drei Gruppen.

          12.30   Mittagessen und Pause.

          15.00   Kaffee, Fortsetzung und Abschluß in den Gruppen.

          18.00   Abendessen

          19.30   Erste Präsentationen am Abend, evtl. am Teich, am Waldrand, am Bach ...

                  Offener Ausklang.

Sonntag

5.8.2001   8.00   Andacht mit kreativen Elementen.

            8.30   Frühstück

            9.15   Präsentation aus den Gruppen im Plenum. Rückblick. Impulse für 2002.

          12.30   Mittagessen

          13.15   Reisesegen, Abschied und allmähliche Abreise.

Mitarbeiterinnen und Mitarbeiter

Joschi Ball, Lehrer und Liedermacher, Grundschule Münchehagen.

Heinzpeter Böhm, Hannoversche Str. 53 A, 31582 Nienburg/Weser.

Christoph Hallmann-Böhm, Agrar-Ingenieur, Mitarbeiter der Heimvolkshochschule Loccum.

Andrea Hecker, stud.phil.et theol., Friedrich-Schiller-Universität, Jena.

Klaus Petzold, Prof. Dr. Dr., Loccum (Anmeldung: Berliner Ring 37, 31547 Loccum) und Friedrich-Schiller-Universität, Jena.

Folker Thamm, Pastor an St. Nicolai, Lüneburg.

David als König beim Kindertreff (Text S. 28 ff).

David als Hirte beim Kindertreff (Text S. 28 ff).

Junge Gemeinde Wörlitz schreddert Äpfel für Bio-Apfelsaft naturtrüb (Text S. 38).

Gäste probieren das erste Glas Saft: kühl und köstlich (Text S. 39).

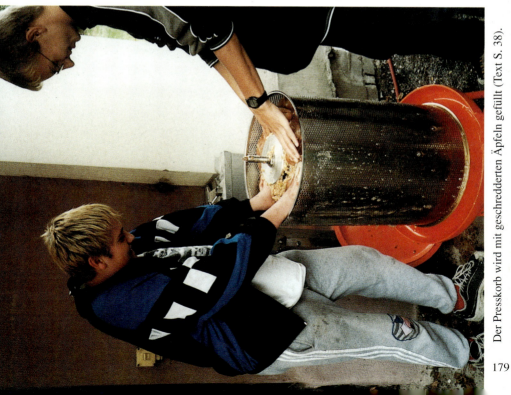

Der Presskorb wird mit geschredderten Äpfeln gefüllt (Text S. 38).

Altpapiersammlung der Evangelischen Jugend: Ohne Trecker läuft nichts (Text S. 54).

Mit Bauwagen, Elbekreuz und Tee auf dem Kirchentag in Stuttgart (Text S. 54).

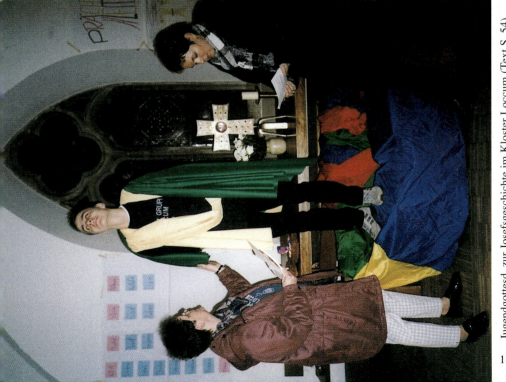

Jugendgottesd. zur Josefsgeschichte im Kloster Loccum (Text S. 54).

181

„Altpapiergruppe" beim Umzug zum Erntedankfest in Loccum (Text S. 54).

„Altpapiergruppe" 15 Jahre: Ohne Feiern läuft nichts (Text S. 54).

Eine Schule in Madras wird durch eine Segenshandlung von Priestern geweiht (Text S. 76).

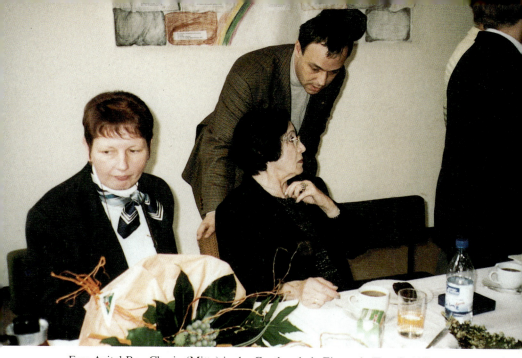

Frau Avital Ben-Chorin (Mitte) in der Goetheschule Eisenach (Text S. 110).

Religionskurs 10. Klasse beim Treffen mit Frau Avitàl Ben-Chorin (Text S. 110).

„Ich schreie, aber meine Hilfe ist fern" (Psalm 22,3; Text S. 145).

In einem „Egli-Werkkurs" entstehen biblische Erzählfiguren (Text S. 146).

„Verwerfung Jesu in Nazareth" (Lk 4, 14–30, Text S. 164).

„Und er ging mitten durch sie hinweg" (Text S. 164).

Hungertuch aus einer „Werkstatt Bibel" zu Mt 5, 13a und 14a (Text S. 171).

Klaus Petzold (Hg.)

Werkstatt Religionspädagogik

Kreative Lernprozesse in Schule und Gemeinde

Bände 1–4

Alle Bände enthalten Erfahrungsberichte aus Schulen, Universitäten und Gemeinden, in denen kreativen Lernprozessen Raum gegeben wird. Erprobte Anregungen werden in verständlicher und anschaulicher Form weitergegeben: Tonarbeiten und Rollenspiele, Maskenbau und Tänze, Textgestaltungen und Lieder, Malereien und Meditationen.

Die einzelnen Autoren reflektieren ihre Voraussetzungen und Bedingungen kreativen Lernens und regen dadurch zum Nachdenken sowie zu eigenen Ideen und Versuchen an.

Band 1
1998 · 230 Seiten, 26 Seiten Bildteil
ISBN 3-374-01675-8 · DM 35,20

Band 2
1998 · 216 Seiten, 16 Seiten Bildteil
ISBN 3-374-01676-6 · DM 35,20

Band 3
2001 · 176 Seiten, 14 Seiten Bildteil
ISBN 3-374-01873-4 · DM 29,00

Band 4
2001 · 168 Seiten, 15 Seiten Bildteil
ISBN 3-374-01874-2 · DM 29,00

Alle vier Bände können
zusammen
zum Sonderpreis
von DM 98,00
erworben werden.

Bitte bestellen Sie
in diesem Fall unter
ISBN 3-374-01847-5

EVANGELISCHE VERLAGSANSTALT
LEIPZIG Burgstraße 1-5 • 04109 Leipzig • www.eva-leipzig.de
Tel. +49/341/7 11 41-0 • Fax +49/341/9 60 31 79

Ernst Scheibe

Kreuz und quer durchs Kirchenschiff

mit 550 Begriffen

Mit Kirche bezeichnen wir recht unterschiedliche Dinge. Wir meinen damit das Gotteshaus und den Gottesdienst – das Gebäude also und das, was in ihm stattfindet. Die ersten beiden Kapitel des Buches erklären das Gotteshaus, die anderen drei Kapitel die vielfältigen Formen des Gottesdienstes.
Der Vorteil des Buches besteht darin, daß man sich einerseits themenzentriert informieren und fortlaufend lesen, andererseits aber den Band auch als Nachschlagewerk „rund um den Kirchturm" benutzen kann. 550 im Text gelb unterlegte Begriffe können gezielt aufgesucht werden.

„Kreuz und quer durchs Kirchenschiff" empfiehlt sich unter anderem als Konfirmationsgeschenk.

1999 · 164 Seiten
ISBN 3-374-01709-6
DM 29,80

EVANGELISCHE VERLAGSANSTALT
LEIPZIG Burgstraße 1-5 · 04109 Leipzig · www.eva-leipzig.de
Tel. +49/341/7 11 41-0 · Fax +49/341/9 60 31 79